Miradas actuales a la soledad
Arte, literatura, historia y pensamiento

Carmen Sousa Pardo,
Jésica Domínguez Muñoz
Irene Valle Corpas
(eds.)

Miradas actuales a la soledad
Arte, literatura, historia y pensamiento

Granada, 2024

© Los autores
© Carmen Sousa Pardo, Jésica Domínguez Muñoz, Irene Valle Corpas (eds.)
© Universidad de Granada
  ISBN:978-84-338-7512-9
  Depósito legal: Gr. 1824-2024

Edita: Editorial Universidad de Granada
  Campus Universitario de Cartuja
  Colegio Máximo, s.n., 18071, Granada
  Telf.: 958 243930-246220
  www: editorial.ugr.es

Maquetación: Raquel L. Serrano / Atticus Ediciones
Diseño de cubierta: Tarma. Estudio Gráfico. Granada
Imprime: Printhaus. Bilbao.

Printed in Spain   *Impreso en España*

Índice

Palabras preliminares

Carmen Sousa Pardo,
Jésica Domínguez Muñoz
Irene Valle Corpas
(Editoras)

La soledad se ha convertido en una de las cuestiones capitales para las humanidades actuales. De ella podríamos ofrecer múltiples definiciones, tratar de trazar su origen o incluso biografía como hace Fay Bound Alberti, pero primero que nada, se hace evidente que hoy es ante todo una preocupación candente. Distintos órganos gubernamentales, desde la Organización Mundial de la Salud hasta ministerios estatales de varios países, hablan de ella en términos epidémicos evidenciando el alcance que ha tomado recientemente. Así también en la literatura, las artes plásticas, la música, el cine y la filosofía, la soledad se cuela en cada resquicio de la creación contemporánea. Cuenta de ello dan los ensayos recogidos en este volumen en el que este afecto es abordado en su carácter poliédrico, no limando sino adentrándonos en sus contradicciones y analizando cuál es la evolución que ha experimentado a lo largo del último siglo hasta el presente.

De este modo, las siguientes páginas estudian la soledad en contextos y medios específicos, en cronologías y geografías dispares, pero siempre tomando en consideración que se trata de una inquietud vivida en nuestro presente. Las distintas definiciones de soledad que se contienen en los ensayos compilados en este volumen nacieron de reflexiones compartidas en el encuentro *Soledades Contemporáneas. Subjetividades solitarias en la cultura y sociedad reciente*, que tuvo lugar en Granada, durante el mes de octubre de 2023[1]. Ello hace que sean múltiples las coincidencias y concomitancias que anidan en los textos. Además, el hecho de haber contado con investigadores que gozan de una trayectoria aquilatada en este campo de estudio, compartiendo espacio con voces más jóvenes, ha permitido asistir a una interesante simbiosis entre dimensiones más teóricas y otras vivenciales de la soledad.

En las páginas que siguen se suceden distintos ensayos que pretenden tratar las muchas aristas del fenómeno. El trabajo de Jordi Carmona Hurtado aborda la soledad desde el ámbito de la filosofía, sirviendo así de marco teórico de arranque. En concreto, el lector podrá complacerse del original análisis que el autor ha realizado sobre la soledad en la obra de Hannah Arendt, a fin de celebrar un impulso hacia el anonimato, de indudable carga política. Al mismo, gracias a la aportación de Ana Bela Morais, quien se adentra en la filmografía de Ingmar Bergman para desentrañar algunas de las paradojas de la vida afectiva de mediados de siglo. Contaremos con otro ejemplo de estudio fílmico en el capítulo de Luis León Prieto, esta vez a partir de la recién estrenada *Close*. Y, finalmente, la contribución de Óscar Barrio, en cuyas páginas hará dialogar la imagen fílmica con la producción musical más actual. A esta sección le seguirá otra centrada en el análisis de la soledad en la literatura, las artes plásticas e incluso el urbanismo. Ana Isabel Guzmán examina los cuadros y apuntes biográficos de la pintora española Ángeles Santos incorporando a su estudio una pertinente perspectiva de género. Esta es compartida por Rocío Sola Jiménez, para quien el sentimiento de soledad no puede ser desligado ni de la trama urbana y sus interacciones diarias ni de la construcción y consolidación de identidades (sexuales, culturales, de género, etc.). Finalmente, cierra el volumen Elios Mendieta, quien

---

1. En este encuentro se trabajaron intensamente algunos de los ensayos que han inaugurado este rico campo de estudios culturales de la soledad. Citaremos solo los principales que, poco a poco, van apareciendo en los ensayos que componen este volumen: (Minois, 2013); (Bound Alberti, 2022); (Vincent, 2020); (Cacioppo y Patrick, 2008).

explora los contactos entre Javier Cercas, Ignacio Martínez de Pisón y Miguel Ángel Hernández, todos ellos nombres principales de la literatura española contemporánea, en virtud de su interés por el individuo solitario. Dada la lucidez e interés con que la soledad es planteada por los autores aquí reunidos no es nuestra intención robar más tiempo al lector, más bien al contrario, le animamos a dejarse acompañar por ellos.

Las editoras

BIBLIOGRAFÍA

Bound Alberti, Fay (2022). *Una biografía de la soledad*. Madrid: Alianza.

Cacioppo, John, y William Patrick (2008). *Loneliness: Human Nature and the Need for Social Connection*. Nueva York: Norton & Company.

Minois, Georges (2013). *Histoire de la solitude et des solitaires*. París: Fayard.

Vincent, David (2020). *A History of Solitude*. Boston: Polity Press.

¿Cómo dejar de ser yo?
Potencias de la soledad en la era del capitalismo mesopolítico

Jordi Carmona Hurtado
Universidad de Granada

La filósofa Hannah Arendt tenía una manera curiosa de pensar; se trata de practicar distinciones. Tal vez el método, dentro de la historia de la filosofía, se remonte a Aristóteles, pero en el caso de esta pensadora cobra un matiz muy peculiar. Pues la distinción es lo contrario de la definición. La definición fija el fenómeno, lo vuelve más idéntico consigo mismo; vuelve lo múltiple uno. En cambio, la distinción hace el movimiento contrario: entiende que, por debajo de cualquier nombre, hay varios fenómenos diversos. La distinción es el método propio al tipo de pensamiento plural que ella trató de practicar, y que era también, para Hannah Arendt, el pensamiento político por excelencia. En Arendt, el pensamiento político no es una teoría del Estado o del gobierno, sino aquel que es capaz de moverse precisamente en el campo de los asuntos humanos, un terreno siempre plural, conformado por diversas maneras de habitar la condición humana, formas diferentes de vivir y de ver.

Cuando se trata de pensar las formas de la soledad contemporánea esta manera de pensar parece particularmente interesante y fructífera, ya que puede ofrecernos un espejo fiel de nuestra situación. Además, este método de distinciones permite entender que el problema contemporáneo de la soledad no es un problema privado, sino inmediatamente público y político. Por eso me gustaría, para comenzar, recordar esas distinciones practicadas por Arendt. Bajo lo que corrientemente se llama soledad, y se comunica y se pasa entre las manos de unas y otros como una misma moneda con valor igual y constante, Arendt entendía que había al menos tres fenómenos diferentes; es decir, en el fondo, tres formas de vida y de experiencia que no se confunden la una con la otra, tres formas en que se expresa la pluralidad humana. Estas distinciones aparecen por primera vez en el último capítulo de *Los orígenes del totalitarismo*, llamado «Ideología y terror: una nueva forma de gobierno», pero luego vuelven en otros momentos de su obra. *Los orígenes del totalitarismo* fue un libro publicado primero en inglés; y Arendt usa, en efecto, para sus distinciones, tres palabras inglesas: *isolation, loneliness* y *solitude*.

AISLAMIENTO

El concepto de *isolation*, es decir, de aislamiento, tiene para Arendt un sentido muy específico, que se relaciona con la impotencia política. Estar aislado es, literalmente, ser incapaz de actuar políticamente. Por eso, para Arendt, el aislamiento es la condición del terror y la tiranía. El tirano mantiene aislados a los sujetos sobre los que ejerce su dominio. Estos pueden tener una vida social y privada, ejerciendo capacidades humanas como "la experiencia, la fabricación y el pensamiento" (Arendt, 1958a: 474), pero nunca podrían participar en la esfera pública. Por eso, el aislamiento supone en realidad una destrucción de la esfera pública.

Sin embargo, más allá de las raras tiranías que declaran abiertamente su naturaleza, es posible detectar en el liberalismo mismo y sus formas contemporáneas este tipo de condición compartida por los sujetos. Según Arendt, el gran teórico del Estado liberal fue Thomas Hobbes, para quien el pacto social suponía que cada sujeto entregara al soberano el *quantum* de poder del que era detentor en estado de naturaleza[1]. Esto significa que, después del mítico pacto, los

---

1. Nos permitimos remitir a un artículo nuestro que analiza específicamente esta cuestión: (Carmona Hurtado, 2015)

sujetos del Estado están fundamentalmente aislados. Pues el poder, para Arendt, solo se actualiza en la acción; pero quien está aislado, por definición, no puede actuar; es decir, y según la comprensión arendtiana, actuar con otros, actuar de concierto. La política se reduce a las actividades de gobierno, y los ciudadanos aislados resultan excluidos de ella. Arendt expresa esta incapacidad de actuar *con*, de actuar con otros, en la manera en que determina el aislamiento mismo: cuando se está aislado, se está aislado *contra* cada otro ("isolated against each other", Arendt, 1958a: 474). Así, no se está simplemente aislado (como se está solo, es decir, sin compañía humana), sino que se está aislado *contra* los otros, en una relación hostil con los otros[2]. Así, en el aislamiento se da también una forma de relación, pero esta relación consiste en una esencial hostilidad de los sujetos entre sí. De nuevo, no es difícil asociar este tipo de relación producto del aislamiento con la situación habitual en la competición liberal o capitalista, que impide cualquier posibilidad de acción de concierto. Por eso, puedo estar aislado sin estar solo; y también, a la inversa, puedo estar solo sin estar aislado. Estar aislado es vivir sin aliados, podemos decir, solo con competidores. Pero por otra parte, como también muestra Arendt, este tipo de situación social favorece particularmente la productividad (Arendt, 1958a: 474). Cuantos más aislados están los sujetos, más productivos se vuelven. Vemos otra vez el interés que pueden tener los gobiernos de tipo liberal y neoliberal y el capitalismo en general en mantener aislados a sus sujetos.

Las grandes empresas, por ejemplo, son un perfecto ejemplo de que se puede vivir aislado sin estar ni un momento solo, y muestran también de qué modo esto favorece la productividad (y a la inversa, de qué modo destruye toda posibilidad de una acción de concierto por parte de los trabajadores). De igual modo, los primeros sindicatos, llamados precisamente en inglés *union*, lucharon con todas sus fuerzas

---

2. Hay aquí una referencia velada de Arendt a Sartre: el sujeto existencialista (al menos, el del primer existencialismo sartreano representado por la obra teatral «A puerta cerrada» de 1944, cuya célebre conclusión reza "L'enfer, c'est les autres") es un ser fundamentalmente aislado.

por revertir esta situación, por hacer que cada trabajador dejara de vivir aislado contra todos los otros. En cualquier caso, según los análisis de Arendt, esta situación de aislamiento todavía resulta soportable mientras se desarrolle en contacto con lo que ella llama "mundo", y haya espacio en ella para la más elemental actividad creadora: añadir algo propio al mundo humano. De ahí que tanto artesanos como artistas, según sus ejemplos habituales, puedan estar aislados, y sin embargo plenamente en contacto con el mundo y con la capacidad creadora propia a todo ser humano (Arendt 1958a: 475). El artista, por remitirnos al ejemplo más vigente en nuestro tipo de sociedades[3], es por eso capaz de transformar algo del mundo común sin salir de su aislamiento, sin participar en los asuntos públicos.

DESOLACIÓN

Si la situación de aislamiento separa a los sujetos de cualquier posibilidad de actuar con otros y destruye la esfera pública, lo que Arendt llama *loneliness* da un paso más allá, aislando incluso a los sujetos del mundo, destruyendo no solo la esfera pública, sino también la privada. Por eso la palabra "soledad" no es la más adecuada para traducir lo que Arendt entiende por *loneliness*: se trataría más bien de un estado de desolación o de abandono. La desolación, para Arendt, consiste en la experiencia de no pertenecer al mundo de ningún modo: "una de las más radicales y desesperadas experiencias del hombre" (Arendt, 1958a: 475), dice ella. Arendt conecta esta experiencia con la de la superfluidad (es decir, la experiencia de sentir que uno sobra, que está de más, que no pertenece en absoluto al mundo) y con la paralela del desenraizamiento (es decir, la de sentir que no se tiene un lugar reconocido y garantizado por los demás). Para ella, este tipo de desolación o abandono es un peligro constante desde el nacimiento de la sociedad industrial, que desenraizó a las grandes masas de la población

---

3. Pues como afirma Arendt, el artista es el único artesano en una sociedad de masas (Arendt, 1958b: 127).

y las volvió cada vez más superfluas, en un diagnóstico análogo al de Simone Weil (1999); de un modo semejante a lo que la tradición marxista llama "proletarización". Pues a diferencia del capitalista, o del "emprendedor" como diríamos hoy en día, el proletario no solo no tiene vida política, sino tampoco vida privada. Es un ser despojado de todo.

En cualquier caso, esta experiencia del abandono, o de la desolación, tiene que ver con lo que podemos llamar una incapacidad no solo para actuar de concierto con otros, sino incluso para estar solo. Quien está desolado es incapaz de estar solo, no soporta la soledad o el aislamiento. Y ciertamente, en las sociedades occidentales que hace ya tiempo deslocalizaron la producción para poner en marcha lo que Anna Tsing ha llamado un "capitalismo de la cadena de suministros" (2009) tal vez no sea tan habitual encontrar a proletarios en el sentido industrial o fabril, pero eso no quiere decir en absoluto que la experiencia de la desolación haya desaparecido de nuestro horizonte. Al contrario, tal vez no haya una experiencia más común hoy en día que ese desenraizamiento, que esa sensación de superfluidad, y que al mismo tiempo significa una incapacidad de hecho de habitar la soledad.

Para entender esta situación de desolación pos-industrial que se da en las sociedades occidentales resulta útil referirse al concepto de mesopolítica, introducido recientemente por el filósofo Ferhat Taylan (2018), y que prolonga las investigaciones de Michel Foucault sobre el concepto de gubernamentalidad, es decir, el gobierno liberal de las conductas. La mesopolítica, en efecto, nos invita a prestar atención al modo en que la gubernamentalidad neoliberal, más que en leyes o en normas públicas, se ejerce principalmente mediante una gestión directa de los medios y ambientes en que se desarrollan la vida de los sujetos. Se trata de un gobierno "por el medio", en que se conduce a los ciudadanos sin necesidad de obligarles por leyes o decretos, sino transformando sus medios de vida para influir en sus comportamientos. Sin embargo, este modo de gobierno de apariencia más suave resulta al mismo tiempo extremadamente eficaz. Así, podemos pensar en el teléfono móvil inteligente como un dispositivo mesopolítico (y sin duda, hay muchos más), en buena medida una extensión y un progreso de la televisión[4], como una pequeña televisión interactiva que no se separa de nosotros nunca, que nunca se apaga, que nos acompaña hasta en la más profunda y nocturna de las soledades. Con el *smartphone* es imposible tanto estar solo (pues siempre estamos virtualmente conectarnos a alguna red social), como estar aislado pero en contacto con el mundo; y sin embargo, no hay nada más fácil que sentirse con él desolado y abandonado. Y muchas de las patologías contemporáneas asociadas con la soledad proceden en realidad de este tipo de gobierno por dispositivos mesopolíticos, que crean un ambiente irrespirable para la vida, incluso para esos sujetos neoliberales que no se experimentan a sí mismos como proletarios. Pues se nos induce a que nos comuniquemos, a que nos comuniquemos sin cesar; mientras que al mismo tiempo se desertan los espacios en que este tipo de comunicación podría tener una incidencia pública o política. Y en un mismo gesto, se nos conduce a que estemos solos, en este sentido de la *loneliness* que podemos traducir por abandono o desolación: separados del mundo y de nuestros semejantes, y sin posibilidad tampoco de habitar la soledad.

SOLEDAD

Uno de los aspectos principales de este tipo de tecnologías mesopolíticas tiene que ver con el perfilamiento o la fábrica de cierto tipo de subjetividad neoliberal. A este respecto, lo interesante de la tercera forma de soledad que diferencia Hannah Arendt es que la *solitude* no es un estado de abandono o desolación, sino el de cierta comunicación, aunque se trate de una comunicación conmigo mismo. Así, la soledad supone cierto desdoble subjetivo, cierto descubrimiento dentro del sujeto del dos en lugar del uno (Arendt 1958a, 476): un descubrimiento interior de la pluralidad. Una pluralidad íntima e interior, si se quiere, pero que no por ello es menos plural. Ser capaz de habitar

---

4. En el sentido en que la antropología negativa de Günther Anders entiende este dispositivo, como suministro de fantasmas de mundo (Anders, 2011: 117 y ss.).

la soledad consiste en ser capaz de acompañarse a sí mismo, de estar en compañía de uno mismo. Pues es el uno el que está desolado, en perpetuo estado de falta y carencia, y no el dos-en-uno de la soledad. Soy yo quien está fundamentalmente desolado; soy yo quien se siente fundamentalmente abandonado. En cambio, en cuanto consigo pensar (o estar en compañía de mí mismo), dejo de ser yo, y el yo se desdobla en una dualidad que permite el diálogo. De ahí que pueda haber un placer y una alegría en la soledad, imposible en la desolación.

A este respecto, el nacimiento de internet y de sus mundos virtuales y realidades paralelas, independientemente del juicio que podamos tener sobre ello, sí ofrecía en efecto todo tipo de posibilidades de desdoblamientos, de multiplicaciones y de disoluciones posibles del yo.[5] Sin embargo, es como si el gran movimiento que ha consistido en gobernar estos mundos virtuales haya consistido en reunificarlos alrededor de un mismo yo neoliberal, que se ofrece (o se vende) en todos los ambientes virtuales. Así, si en un principio parecía que internet ofrecía una vía de escape del yo o del uno desolado, esta posibilidad ha ido cerrándose cada vez más, con la introducción de diferentes formas de control que proceden de las técnicas policiales, como la huella dactilar o el reconocimiento facial[6]. Parece siempre que lo importante para quienes nos gobiernan es que, a pesar de la multiplicación de los mundos en que habitamos, no olvidemos que siempre somos yo. Un yo que, finalmente, se define no por ninguna singularidad especial de su personalidad, sino por lo que Agamben llamaría nuda vida: rasgos faciales o huella dactilar.

Sin embargo, esta forma de gobierno neoliberal, que más que a través de leyes o de normas funciona mediante dispositivos mesopolíticos que actúan directamente sobre nuestros medios de vida, resulta en buena medida tolerada, porque hay cierto placer en ser yo, y que, por ejemplo, la publicidad se individualice y nos ofrezca

---

5. De ahí movimientos utópicos como el ciberpunk que tanto conectaron con el internet de los blogs, o lo que Mark Fisher llamó "K-punk", como una "tendencia cultural distributiva facilitada por las nuevas tecnologías" (Fisher, 2018: 45).

6. Sobre estos dispositivos biométricos, cabe referirse a (Agamben, 2014).

productos más y más personalizados, en lugar de tratarnos como un número más de una masa (como ocurría en la época de la televisión). De ahí la importancia, para orientarse en esta situación, del modo en que el pensador español Agustín García Calvo definía al individuo, al yo. Pues en el fondo, ser un individuo parece lo más personal, parece que cuando uno es un individuo se separa de la masa y es como un pequeño rey, una excepción. Pero en realidad, un yo es lo más impersonal que puede haber. Un yo es nuda vida, por un lado, como diría Agamben; pero también es pura función gramatical, por el otro, según los análisis de García Calvo. Yo soy yo y soy un yo pero tú también eres un yo: no hay, cuando se trata del yo, ninguna contradicción entre el individuo y la masa, o entre lo personal y lo estadístico. Por eso Agustín llamaba, a lo que habitualmente se conoce como "medios de comunicación", de forma ciertamente eufemística, "medios de formación de masas de individuos"[7]. Aquí lo importante es entender que la individualización de los procesos de gobierno no se opone a la gestión estadística de las masas, sino que la perfecciona, dando al poder una capilaridad mayor. Pero ser un yo no es nada personal, no es más que ser gobernado como un elemento de un conjunto. De ahí que el yo, para García Calvo, sea al mismo tiempo individual y social. Siempre soy yo para otros, contra los que compito por atención y visibilidad, y a quienes trato de vender mis productos: un yo fijo, rígido e idéntico a sí mismo, explotador de sí mismo[8], un yo-marca. Por eso, y por definición, el yo neoliberal, que nos persigue hasta lo más profundo de nosotros mismos, crea también ese tipo de desesperación tan común en nuestras sociedades, propia a quienes se sienten abandonados o desolados.

---

7. Especialmente en la entrevista (García Calvo, 1993).
8. García Calvo ya describe esta condición desde su texto de 1970 «Apotegmas a propósito del marxismo» (García Calvo, 2020: 49).

CONTRA LA COMUNICACIÓN

¿Cómo, en esta situación, dejar de ser yo? ¿Cómo disolver a ese yo que se nos fuerza a ser, y que es al mismo tiempo individual y social, y que ni siquiera nos permite estar realmente solos o aislados? Incluso, se diría, en la época de la perpetua competición por la visibilidad neoliberal, estar solo y aislado se ha vuelto un lujo que muy pocos pueden permitirse. Hay un profundo *Witz*[9] del cineasta Jean-Luc Godard que resulta muy significativo en este contexto. Godard decía que SMS (esa forma hoy ya vetusta de mensajería instantánea) significaba en realidad: "save my soul" (Godard, 2014)[10]. "Por favor, salva mi alma; por favor, quiéreme; por favor, cómprame…"; estas son las súplicas habituales de quienes viven, de quienes vivimos el estado de abandono o desolación en nuestras sociedades. Por eso, los poderes que nos dominan están tan interesados en que nos comuniquemos, pues lo que se comunica esencialmente en esos espacios ajenos tanto a la compañía de nuestros semejantes, como a la relación con el mundo o incluso con nosotros mismos, es ese tipo de desolación. La desolación se comunica, y es lo que principalmente se comunica, en nuestras sociedades: esa especie de estado de carencia, de abandono fundamental.

El filósofo Gilles Deleuze, que era además un profesor muy dedicado, solía definir su función con respecto a los estudiantes de la siguiente manera:

> Mi rol de profesor consistió en enseñarles que deben estar felices en su soledad. No dejan de decir: «Oh, un poco de comunicación, nos sentimos solos, estamos solos, etc.», y por eso quieren escuelas, pero no podrán hacer nada salvo en función de su soledad, así que

---

9. El pensamiento fundamentalmente oral, performativo y derivativo de Godard se apoya a menudo en este tipo de *Witz*, que remite a las prácticas del primer romanticismo alemán (Lacoue-Labarthe y Nancy, 1978: 74-75).

10. Disponible en: «Jean-Luc Godard. Exclusive Interview with the Legend (Part 1). Cannes 2014 - Canon»: https://youtu.be/Bou1w4LaqMo?si=wgE-G0L_3waDHR6cx (acceso 20-05-2024).

se trata de enseñarles las ventajas de su soledad, de reconciliarles con su soledad[11].

Así, tanto Godard, el artista aislado de sus semejantes, pero sin embargo consagrado enteramente a una actividad creativa que ha transformado el cine y mucho más que el cine, como el filósofo solitario Gilles Deleuze, permiten ver que todo intento de salir del estado de desolación tiene como primera condición una actitud de desconfianza esencial con respecto a la comunicación. Como dice Deleuze, para dejar de sentirse solo hay que querer estar solo; una paradoja que se entiende bien cuando vemos que el primer sentido de soledad se refiere a la *loneliness*, y el segundo a la *solitude*, en los términos de Arendt. Es decir, el primero se refiere a la soledad como estado de carencia, al estado habitual del yo que solo es uno, y por tanto necesita al otro, y por tanto quiere comunicarse, pero la comunicación solo confirma esta desolación. El segundo, en cambio, se refiere a la soledad como condición gozosa, feliz, buscada o afirmada. Se refiere a la actualización de esa capacidad de estar en compañía de sí mismo, de hacerse compañía a uno mismo y estar a gusto de esta manera. Esta segunda situación es la del yo que se disuelve o que pierde su rostro, del ego que se desploma y ya no se reconoce a sí mismo, y permite que surjan entonces otras voces más subterráneas, algo a lo que García Calvo llamaba voz del pueblo o razón común, y a lo que Hannah Arendt ha llamado "la vida del espíritu" (Arendt, 1984), y que los filósofos conocen bien. Pues conseguir pensar es ya dejar de ser un yo en competición con otros yoes; y el hecho de comenzar a pensar es indiscernible del de volver la soledad habitable. Como si solo se pudiese salir de la desolación renunciando a la comunicación, es decir, profundizando en la desolación misma. El nacimiento del

---

11. Estas declaraciones de Deleuze pueden encontrarse en su entrevista con Claire Parnet para el programa de televisión «Abécedaire de Gilles Deleuze» producido por Pierre-André Boutang en 1988-1989 y emitido por primera vez en 1996, en la sección "P de profesor". Transcrito en: https://estafeta-gabrielpulecio.blogspot.com/2009/08/gilles-deleuze-abecedario-p-q-r-s-t-u-v.html (acceso 20-05-2024).

pensamiento es inseparable de esta práctica de habitar la soledad, que tiene que ver tanto con una disolución del yo como con un desdoblamiento o multiplicación de la persona.

Pero, una vez más, ¿no sería mejor vivir en compañía de nuestros semejantes? ¿Por qué esa búsqueda de la soledad por parte de los filósofos? Todo lo que es posible decir a este respecto es que hay momentos de la vida social en que esa aparece como la única salida, propiciando una especie de disolución interior, desde dentro de uno mismo, de las relaciones que hacen de la vida algo invivible. Se trata de una especie de deserción interior, que es especialmente efectiva cuando se destruye tanto la esfera pública como la privada, y que puede volver la vida de nuevo posible (y por tanto, la posibilidad de comunicar algo diferente a la desolación). Tal vez en nuestro tiempo, teniendo en cuenta el estado de las relaciones sociales, cada uno tenga que pasar por algo así, por esa especie de disolución íntima del yo, para que en algún momento otras relaciones sean posibles.

PERSPECTIVA

Algo semejante debió de experimentar Spinoza, célebre solitario gozoso. Borges, en una conferencia sobre Spinoza[12], comparaba la actitud fundamental del filósofo con la que se expresaba en un poema de Fray Luis de León: "Vivir quiero conmigo / gozar quiero del bien que debo al Cielo / a solas sin testigo / libre de amor, de celo / de odio, de esperanza, de recelo". Así, en efecto, vivió gran parte de su vida Spinoza, si hacemos caso a los biógrafos[13]. Pero hay que entender

---

12. Se trata de la conferencia «Baruch Spinoza» de Jorge Luis Borges, pronunciada el 1 de abril de 1985 en la Sociedad Hebraica Argentina: https://borgestodoelanio.blogspot.com/2018/08/jorge-luis-borges-baruch-spinoza.html (acceso 20-05-2024).

13. Puede consultarse a este respecto la «Vida de Spinoza» esbozada en las primeras páginas de *Spinoza: Filosofía práctica* de Deleuze, que incide también en la filosofía como práctica capaz de generar "afecciones internas, inmunitarias" (Deleuze, 1984: 56).

que, en este punto, la soledad no es lo que corta o rompe la relación humana, sino lo que le da su justa distancia. Si en ciertos momentos la soledad se vuelve necesaria es porque hace falta cierta perspectiva para que la vida con los otros se vuelva de nuevo posible. El mismo Spinoza lo expresaba así:

> Yo digo en general que cuanto más apto es un cuerpo, con respecto a los otros, a actuar y padecer de más maneras a la vez, más apta es su alma para percibir más cosas a la vez; y cuanto más dependen las acciones de un cuerpo, y menos otros cuerpos concurren con él en una acción, más su alma es apta para comprender distintamente[14].

Se trata de una cuestión de introducir una perspectiva en la relación, y no de cortarla, sino de darle una distancia exacta: de buscar la soledad para ver las relaciones desde un ángulo justo que nos permita formar ideas adecuadas sobre ellas. De este modo, cuanto las acciones de un cuerpo menos dependen de otros cuerpos, más se vuelve el alma capaz de comprender las cosas con justeza y con justicia. Por eso, en ciertas ocasiones de extrema confusión, de proliferación de ideas inadecuadas por toda la superficie social, la soledad se vuelve indispensable, para intentar ver las cosas con su justa perspectiva. El movimiento que va a la soledad, que no teme la soledad sino que la busca, desea en realidad esta justa perspectiva. Y en la comunidad de diálogo del pensamiento, aunque sea sin compañía del otro, pueden anticiparse formas justas o adecuadas de la comunidad en los momentos en que estas no se dan en la relación social. Por eso, quien consigue habitar la soledad no está nunca del todo solo, aunque la comunidad de los solitarios no se actualice inmediatamente en la vida social. Pero quien se reconcilia con su soledad trabaja oscuramente por lo común, manteniendo la pura posibilidad de un común no desolado.

---

14. Spinoza, *Ética*, Libro II, Escolio a la proposición 13. Se trata de uno de los textos clave de la doctrina spinozista del paralelismo cuerpo-mente, que es esencial para la visión ética e incluso etológica (y no moralista) de Spinoza, como muestra por ejemplo Deleuze (1968: 236 y ss.).

BIBLIOGRAFÍA

Agamben, G. (2014). *Qué es un dispositivo*. Buenos Aires: Adriana Hidalgo.

Anders, G. (2011). *La obsolescencia del hombre (vol. 1). Sobre el alma en la época de la segunda revolución industrial*. Valencia: Pre-Textos.

Arendt, H. (1958a). *The origins of totalitarianism*. Londres: Meridian Books.

Arendt, H. (1958b). *The human condition*. Chicago: The University of Chicago Press.

Arendt, H. (1984). *La vida del espíritu*. Madrid: Centro de Estudios Constitucionales.

Borges, J. L. (1985). «Baruch Spinoza». Disponible en: https://borgestodoelanio blogspot.com/2018/08/jorge-luis-borges-baruch-spinoza.html

Carmona Hurtado, J. (2015) A força como único conteúdo da política. O capitalismo segundo Hannah Arendt. *Philósophos. Revista de Filosofia, 20* (1), pp. 163–183. Doi: 10.5216/phi.v20i1.34863

Deleuze, G. (1968). *Spinoza et le problème de l'expressión*. París: Minuit.

Deleuze, G. (1984). *Spinoza: filosofía práctica*. Barcelona: Tusquets.

Fisher, M. (2018). *K-punk*. Londres: Repeater.

García Calvo, A. (1993). «Medios de formación de masas», *Archipiélago*, 14, pp. 44-52.

García Calvo, A. (2020). *Contra el Tiempo y el Poder*. Logroño: Pepitas de Calabaza.

Lacoue-Labarthe, Ph.; Nancy, J. L. (1978). *L'absolu littéraire. Théorie de la littérature du romantisme allemand*. París: Seuil.

Sartre, J. P. (2005). *A puerta cerrada. La puta respetuosa*. Madrid: Losada.

Taylan, F. (2018): *Mesopolitique. Connaître, théoriser et gouverner les milieux de vie (1750-1900)*. París: Sorbonne.

Tsing, A. (2009). Supply Chains and the Human Condition. *Rethinking Marxism, 21*(2), pp. 148–176. https://doi.org/10.1080/08935690902743088.

Weil, S. (1999). *Oeuvres*. París: Gallimard.

Soledad para dos
Representaciones de la soledad de la pareja en la filmografía de Ingmar Bergman

Ana Bela dos Ramos da Conceição Morais
Centro de Estudios Comparados
Universidad de Lisboa

Centrándonos en la representación de la pareja en algunas de las películas más importantes del director sueco Ingmar Bergman, pretendemos comprender cómo se escenifica la soledad en pareja. La famosa máxima de Jean-Paul Sartre «El infierno son los demás» adquiere contornos complejos si prestamos atención a la forma en que la dificultad de comunicación se convierte en otro elemento perturbador en la representación de las relaciones amorosas en el universo de Bergman.

Nos centraremos en *Saraband* (2004), su última película, en estrecho diálogo con su predecesora *Scener ur ett äktenskap* (*Secretos de un matrimonio*, 1972). También se tendrán en cuenta otras películas de Ingmar Bergman para demostrar la relevancia de formas de soledad como potenciadoras de la crisis (¿o redención?) entre la pareja.

Cuando pensamos en el sentimiento de soledad consideramos fundamental la distinción entre aislamiento y estar solo, definida por la filósofa judía Hannah Arendt. En su obra *La condición humana* (cuya primera edición data de 1958), la filósofa distingue entre lo que denomina «aislamiento» y «soledad». El aislamiento es impuesto por el Estado y tiene por objeto restringir la libertad individual del ser humano; el ejemplo máximo son los campos de concentración y el sufrimiento extremo que se experimenta en ellos. La soledad, según Arendt, es inherente a nuestra condición, y a veces incluso necesaria para que surja una obra de arte, por ejemplo. Son esos momentos en los que, a pesar de estar físicamente solos, nos sentimos acompañados: cuando estamos leyendo un libro, por ejemplo. También puede ocurrir que estemos rodeados de una multitud, caminando por la calle, y nos sintamos extremadamente solos (Arendt, 2001: 103).

O, como dice Lars Svendsen: «En la soledad / incomunicación, uno está solo consigo mismo, mientras que en la soledad, uno está junto a sí mismo»[1]. Se trata de un sentimiento profundamente subjetivo y se vuelve aún más interesante si tratamos de entenderlo cuando lo sentimos en compañía. Es precisamente aquí cuando recordamos la filmografía de Ingmar Bergman y uno de los puntos centrales de su investigación como director: la soledad experimentada en pareja.

Cabe recordar que, a nivel estético, gran parte de la obra del director sueco se inscribe en la tradición del cine nórdico, caracterizada por la influencia del naturalismo inherente a algunos autores escandinavos, como la novelista Selma Lagerlöf o directores como Mauritz Stiller, Carl Theodor Dreyer o Victor Sjöström. En el cine sueco predomina la problematización de la condición humana y, a excepción de los años treinta en los que reinó la comedia, el tema de la ontología antropológica con matices románticos y pesimistas fue el tema central.

Aunque el predominio de este tema en un país próspero como Suecia, que supo mantenerse neutral en las dos grandes guerras que asolaron el siglo XX, pueda parecer paradójico, no podemos, sin embargo, olvidar el peso de la tradición luterana y la forma en que pudo haber influido en los mencionados matices pesimistas, presentes en la idea del ser humano representado en gran parte de esa cinematografía. En el caso de Ingmar Bergman, todas estas cuestiones se acentúan aún más porque es hijo de un pastor luterano. Cuenta el director en sus memorias:

> Otros castigos consistían en prohibirnos ir al cine, dejarnos sin comer, o mandarnos a la cama, encerrarnos en el cuarto, hacer cuen-

---

1. La traducción del inglés es nuestra. El texto original: «In loneliness, one is alone with oneself, whereas in solitude, one is together with oneself» (Svendsen, 2017: 52).

tas, palmetazos en las manos [...] Ahora comprendo la desesperación de mis padres. La familia de un pastor vive como en un escaparate, expuesta a todas las miradas. La casa tiene que estar siempre abierta. La crítica y los comentarios de feligreses son constantes. (Bergman, 2007: 17-18).

Desde el principio de su filmografía, se da una indagación existencial en el conflicto latente entre la pareja. *Saraband* (2003), la última película de Bergman, parece ser la película que lo resume, condensando una reflexión muy completa sobre el tema, centrándose incluso en la tragedia familiar. Por este motivo, este capítulo se centrará en ella, con el fin de establecer una relación con otras películas del director sueco.

En *Saraband*, Ingmar Bergman reúne a Johan y Marianne, la pareja de *Secretos de un matrimonio*, unos treinta años después, y este reencuentro es el pretexto y la historia de la película. Recordemos someramente el guion de *Saraband*: tras una larga separación, Marianne visita a su exmarido, Johan, un hombre mayor, rico y amargado que vive solo con su ama doméstica —un personaje eludido en la película— en medio del bosque. Henrik, su hijo, y Karin, su nieta, viven en una casa contigua a la suya. Tras la muerte de Anna, esposa de Henrik y madre de Karin, ambos viven aislados y el padre se dedica exclusivamente a la educación musical de su hija.

Entre estos personajes se desarrolla un pequeño teatro con todas las características de Bergman. El esquema deliberadamente excesivo de la tragedia familiar no ha cambiado. De este modo, todos los temas y obsesiones del cineasta sueco están presentes en *Saraband*: la soledad del ser humano, la muerte de Dios, las turbulencias en la unidad familiar, la relación turbulenta entre la pareja, el incesto camuflado, el amor/odio por el otro, el deseo sexual reprimido y el mundo de las mujeres. Como asegura Ingmar Bergman en varias ocasiones: «el mundo de las mujeres es mi universo» (Bergman, 2007: *passim*).

Refiriéndose a películas clave de Michelangelo Antonioni, Ingmar Bergman y Jean-Luc Godard, Irene Valle Corpas hace alusión: «En sus piezas fechadas entre estas dos décadas [años 60, 70], las parejas recluidas en espacios cerrados —en las que, dicho sea, la mujer es, con creces, el personaje más interesante de los dos porque es ella, casi siempre, quien lleva la carga reflexiva de la película—, sirven de pretexto para examinar cuestiones sociales acuciantes, tales como la alienación, la soledad, la división sexual, la violencia o la incomunicación. Funcionan, asimismo, para hacer una disección clínica de los caracteres de ese sujeto solitario y trastornado de la posguerra, títere de sus más hondas y corrosivas pasiones» (2021: 186).

En el caso concreto de Ingmar Bergman, la reclusión de la pareja en un espacio cerrado ya es evidente en algunas de sus primeras películas como *En lektion i kärlek* (*Una lección de amor*, 1954), por ejemplo, y se acentúa a lo largo de las mismas. El estilo de Bergman se hizo más personal y austero, dando lugar a un nuevo concepto de discurso cinematográfico, tomando como referencia el paradigma musical y teatral de Strindberg, que algunos críticos han denominado «cine de cámara» o *Kammerspielfilm*. Este subgénero cinematográfico consiste en realizar películas en las que el número de personajes, el tiempo y la acción se reducen al máximo. El uso de primeros planos es también una característica técnica de este tipo de rodaje (Puigdomènech, 2004: 10).

Sin duda, la elección de filmar a una pareja en espacios cerrados, implicando la imposibilidad real y simbólica de escapar, se convirtió en una de las opciones centrales del director. Como señala Valle Corpas, existe «una coordenada espacial recurrente en sus films: la isla, real —la isla de Faro donde habitó y ambientó gran parte de sus películas— o figurada —es decir, todos aquellos lugares de encierro por los que discurren sus personajes (hospitales, casas, o clínicas) y que hacen las veces de isla separada del resto del mundo—. En estas islas los personajes mantienen un diálogo con los pocos habitantes que allí quedan: el compañero, el yo mismo y el otro que me habita» (2021: 195). *Persona* (1966) y *Vargtimmen* (*La hora del lobo*, 1968) son quizá los ejemplos más explícitos.

Sin embargo, si en una primera interpretación de sus películas Bergman explora las implicaciones de la afirmación de Sartre de que «el infierno son los demás», esto no excluye la convicción del director de que es mejor estar en el infierno con los demás que solo. En *Törst* (*Tres amores extraños/La sed*, 1949), su séptimo largometraje, el personaje del marido dice: «No quiero estar solo e independiente, eso sería peor que el infierno que estamos viviendo, porque somos dos para pasarlo». Así, una vez más, el sueco sostiene desde el principio de su filmografía que, puesto que vivir solo es imposible, la pareja sería, por así decirlo, una fatalidad.

Hay una referencia literaria explícita en *Saraband*. Se trata del texto *O lo uno o lo otro. Un fragmento de vida*, de Søren Kierkegaard, el volumen que Johan empieza a hojear momentos antes de su única escena con Henrik. En un intento de encontrar una pista sobre si el matrimonio puede o no conducir a la búsqueda y realización de la felicidad, hojeamos el libro y nos encontramos con el siguiente pasaje: «Si te casas, te arrepentirás; si no te casas, también te arrepentirás» (2006: 227). Es curioso que en sueco la palabra *gift* signifique tanto matrimonio como veneno.

Como muestra la filmografía del director sueco, la incapacidad de recibir amor resulta ser casi tan destructiva como la de darlo. La clave del amor parece residir en trabajar continuamente en nosotros mismos. Es necesario un duro trabajo interior para que los seres humanos se curen de la necesidad de cambiar a los demás, para llegar a una forma de amor que combine la aceptación con la comprensión —esto es lo que ocurre con el amor de Marianne por Johan en *Saraband*—.

La imagen que construimos de la persona amada en la relación que establecemos con ella nos parece uno de los temas fundamentales de esta película y de todas las demás del director que tratan de las relaciones de pareja. Como dijo el poeta portugués Fernando Pessoa: «Nunca amamos a nadie. Sólo amamos la idea que tenemos de alguien. Es nuestro concepto —en pocas palabras, somos nosotros mismos— lo que amamos. Esto es cierto en toda la escala del amor. En el amor sexual, buscamos nuestro propio placer a través de un cuerpo extraño. En el amor no sexual, buscamos un placer propio dado a través de una idea propia»[2].

Así que no podemos evitar pensar que la soledad es inherente a la relación de pareja. Este enfoque está relacionado con la perspectiva sistémica desarrollada sobre todo por Niklas Luhmann, una teoría que intenta aplicar conceptos de las ciencias naturales a las ciencias sociales, siguiendo de cerca el concepto de «sistemas vivos» y la teoría cognitiva de los biólogos chilenos Humberto Maturana y Francisco Varela. Así, se entiende que la forma en que cualquier ser humano percibe el amor y la violencia constituye una parte del sistema del que él mismo forma parte, en el sentido de que el sujeto es autor y agente del conocimiento. El sujeto es un observador interno de los sistemas a los que pertenece y, por tanto, también un auto-observador y «observador de segundo orden», porque no tiene acceso directo a su entorno (Luhmann, 1998: 47). Como dice Luhmann: «[...] no se trata de una "comunicación total" en lo que al amor se refiere, aunque en un primer momento pueda parecerlo a los amantes, ni de una concentración temática de todas las comunicaciones posibles en la pareja o en la relación amorosa»[3].

En cuanto a la imagen como mediación entre seres enamorados, está implícita en *Saraband* y en la miniserie, y luego película, que le dio origen, *Secretos de un matrimonio*, que es, entre otras cosas, una reflexión sobre la complejidad de las relaciones amorosas. En la película original, Marianne (Liv Ulmann) y Johan (Erland Josephson) representan a una pareja que vive junta desde hace diez años con dos hijas —que nunca aparecen físicamente a lo largo de la película, salvo al principio— y que en un primer momento muestra una cierta felicidad ostentosa, muy «moderna», basada en la tolerancia, el ingenio y el desapego, pero que, como la película nos muestra con detalle, acaba resquebrajándose.

---

do amor. No amor sexual buscamos um prazer nosso dado por intermédio de um corpo estranho. No amor diferente do sexual, buscamos um prazer nosso dado por intermédio de uma ideia nossa» (Pessoa 2006: 71).

3. La traducción del portugués es nuestra. El texto original: «[...] não se trata, no que respeita ao amor, apesar de no início assim parecer aos amantes, de uma 'comunicação total', nem de uma concentração temática de todas as comunicações possíveis no parceiro ou no relacionamento amoroso» (Luhmann 1991: 23).

Secretos de un matrimonio, una variación de *La danza de la muerte* de August Strindberg, es un *huis clos* sentimental, rodado casi exclusivamente con los dos actores principales, a través de primeros planos que desnudan a la pareja. Aunque la pareja parece tener un final feliz cuando termina la película, tiempo después, en *Saraband* veremos que no fue así. Bergman lo sabía mucho antes de hacer *Saraband*, como comenta en una entrevista (Bergman, 1989: 38).

Lo que es más. La música de *Saraband* refuerza el melancólico final de la pareja. *Saraband* es un baile de corte, Bergman comenta: «Una zarabanda es en realidad un baile en pareja. Se describe como muy erótica y estaba prohibida en la España del siglo XVI. [...] La película sigue la estructura de la zarabanda: siempre hay dos personas que se encuentran»[4]. De hecho, la primera escena une a Marianne y Johan, la segunda acerca a Karin y Marianne, la tercera enfrenta a Henrik y Karin. La cuarta escena muestra el enfrentamiento entre Johan y Henrik: la película completa y cierra el círculo. Este encadenamiento de acontecimientos recuerda a la danza y permite a Bergman presentar a los personajes uno tras otro. El título de esta película es también una forma de referirse y señalar a las muchas otras *zarabandas* mencionadas por Ingmar Bergman en su filmografía.

Otro de los grandes temas relacionados con la representación de la soledad en la pareja de Bergman es el tema del doble y el espejo. En muchos casos, los dobles parecen mostrar las distintas caras de un mismo personaje, según una lógica especular. Los dobles buscan siempre la otra mitad para completarse y, como ningún margen está completo, la búsqueda es eterna.

Aristófanes, en *El Banquete* de Platón, relata un mito que está en el origen de esta idea de la incompletitud del ser humano, concluyendo que «cada uno de nosotros no es más que un tesauro humano, divi-

---

4. La traducción del inglés es nuestra. El texto original: «A Sarabande is actually a dance for couples. It's described as a very erotic and was banned in the 16 th-century Spain. [...] The film follows the structure of the Sarabande: there are always two people who meet» (Bergman in *site* de la Fundación Ingmar Bergman: http://www.ingmarbergman.se. Consultado el 5 de septiembre de 2023).

dido como estamos en mitades, como platijas; y es su propia mitad, o tesauro, lo que cada uno de nosotros busca incansablemente [...]»[5]. En esta obra, Aristófanes recuerda que en las mitologías primitivas el ser humano era uno y perfecto. Con cuatro piernas y cuatro brazos, el ser humano era esférico, con una plenitud que excluía el deseo y, por tanto, su sanción: la muerte.

El tema del doble y el espejo es recurrente en las películas de Bergman. Las dos hermanas de *Tystnaden* (*El silencio*, 1963), las dos mujeres de *Persona* (1966), los dos Andreas de *En passion* (*Pasión*, 1969), las dos Katarinas de *Aus dem Leben der Marionetten* (*De la vida de las marionetas*, 1980) y en *Saraband* el desdoblamiento de la figura materna en Anna y Marianne, confirma la existencia de dos polos opuestos en una misma entidad sometida a un conflicto sin fin. Sus máximas expresiones son el caballero y la Muerte, en *Det sjunde inseglet* (*El Séptimo Sello*, 1957). La vida y la muerte: el primero incluso confiesa al segundo que el vacío es el espejo de su rostro.

Este deseo imposible de tener acceso completo al otro es incluso confesado por Alma, la protagonista de *Vargtimmen* (*La hora del lobo*, 1968), a su marido Johan: «Quiero que envejezcamos juntos de tal manera que pensemos el uno en el pensamiento del otro y nos hagamos pequeños, con nuestros rostros arrugados exactamente iguales».

En la propia estructura formal de *Saraband* observamos que en la inmensa mayoría de las escenas nunca hay más de dos personajes. Sin embargo, en Johan en particular, parece haber una dificultad para desprenderse de sí mismo: una característica común a muchos de los protagonistas masculinos de Bergman; la madre en *Höstsonaten* (*Sonata de otoño*, 1978) es la gran excepción a la regla del protagonista masculino. Esta afirmación puede corroborarse desde el principio de la construcción de este personaje en *Secretos de un matrimonio*. En la escena inicial de esta película, cuando la entrevistadora pide a la pareja

---

5. La traducción del portugués es nuestra. El texto original: «cada um de nós não passa, pois, de uma téssera humana, divididos como estamos, em metades, à semelhança dos linguados; e é a sua própria metade, ou téssera, que cada um infatigavelmente procura» (Platão, 2001: 54).

Johan y Marianne que se describan, enseguida nos damos cuenta de las características estructuralmente opuestas de uno y otra. Hay innumerables ejemplos del comportamiento egoísta de Johan a lo largo de *Secretos de un matrimonio* y *Saraband*.

Al buscar un amor que no existe, Johan no se da cuenta del amor que Marianne siente por él. Y aquí llegamos quizá al aspecto más dramático de la soledad que puede existir entre una pareja. Durante su visita a Johan, que es el pretexto estructural del guion de *Saraband*, Marianne también se encuentra con la principal protagonista ausente de la narración de esta película: Anna, la madre de Karin, esposa de Henrik, que murió de cáncer dos años antes del comienzo de la película. Su retrato en blanco y negro aparece una y otra vez en casa de su marido y su suegro. Todos la querían: marido, hija, suegro, y no parece que todos quisieran a nadie más. Anna parece personificar el amor, ser la única presencia hecha para el amor. Aunque su fotografía es en blanco y negro, aparece como la luz que ilumina a todos los personajes. En la primera versión del guion, Ingmar Bergman llamó a la película *Anna* y no *Saraband* y este personaje y su fotografía se inspiran literalmente en la realidad (Lumholdt, 2003: 12).

La imagen mental, como ya hemos mencionado, puede ser un proceso de mediación, del encuentro con la persona amada. Es la confirmación de la aceptación por parte de la otra persona de la imagen ficticia que hemos construido de nosotros mismos lo que permite que la relación amorosa se realice satisfactoriamente. Sin embargo, la cuestión de la imagen como mediación entre seres amados adquiere contornos específicos cuando esa imagen se traduce en pura mitificación. Esto es lo que le ocurre a Anna por parte de todos los personajes de la película, pero sobre todo por parte de Henrik, su marido, y Johan, su suegro.

De hecho, podría pensarse que el amor que siente Anna, por parte de padre e hijo, acaba traduciéndose en una búsqueda de alguien que en realidad no existe, como si fuera tras una «eterna» de una ausencia. Al desear lo imposible, estos personajes tratan a la mujer que aman como un medio para alcanzar un fin determinado: en este caso, el encuentro con un ser idealizado y perfecto. El problema de establecer un límite con el pasado se convierte aquí en central solo que en el pasado lo que se encuentra es una ausencia. Anna, la mujer amada por ambos hombres, ha muerto. ¿Dónde trazar la frontera entre el pasado y el presente? ¿Dónde está exactamente el fantasma que les atormenta? Al estar muerta, ya no hay cuerpo que definir.

En *Sommarlek* (*Juegos de verano*, 1951), Bergman reflexionaba sobre cómo la ausencia de su amado, muerto en un accidente en la playa, condicionaba la vida de la protagonista, atrapada en los recuerdos de un pasado mitificado, similar en todo a la historia del pastor Thomas en *Nattvardsgästerna* (*Los comulgantes*, 1963), incapaz también de superar el dolor causado por la muerte de su esposa. Los dos protagonistas de estas dos películas son incapaces de amar a otras personas debido al pasado que han mitificado, que sigue más vivo que el presente.

Sin embargo, en *Vargtimmen* (*La hora del lobo*, 1968), posiblemente la más autobiográfica de las películas de Bergman, también hay un personaje ausente que, como Anna de *Saraband*, parece marcar la vida de la pareja protagonista. En esta película, Alma Borg (también interpretada por Liv Ullmann) está casada con Johan Borg (Max Von Sydow), un pintor atormentado, y entre ellos planea la presencia-ausencia de una mujer —Veronica Vogler (Ingrid Thulin)— antigua amante de Johan. En un momento de la película, la baronesa Von Merkens (Gertrud Fridh), uno de los muchos personajes oníricos que habitan en la imaginación de Johan, cuenta a la pareja que conoció a Veronica y que le pareció perfecta. Mientras la elogia, la baronesa lleva a Johan y Alma a su habitación para enseñarles un cuadro de Veronica pintado por Johan.

Nunca llegamos a ver este cuadro, lo que acentúa la mitificación de la mujer por parte de Johan, Alma y los demás personajes de la película; no es casualidad que esté pintado por Johan, una construcción suya. Solo tenemos acceso a las expresiones faciales de Alma y Johan. Sobre todo la expresión de Alma, en primerísimo primer plano, que corresponde a la expresión de Marianne en *Saraband*, cuando mira la fotografía en blanco y negro de Anna —curiosamente la misma actriz interpreta a ambos personajes—.

Johan tiene incluso un encuentro onírico con Veronica, pero antes de este encuentro, el «hombre pájaro» (otro de los personajes creados por él) le maquilla, diciéndole: «mírate en el espejo: eres tú y no eres tú, es la situación ideal para un encuentro amoroso», lo que no deja de invocar la naturaleza construida de las relaciones amorosas. Durante el encuentro entre Johan y Veronica, la mano de Johan recorre el cuerpo desnudo y aparentemente sin vida de Veronica. Sus manos dibujan su cuerpo, tal como su espíritu había construido una imagen mental del mismo.

En conclusión, en *Saraband*, la única persona que parece simbolizar lo que significa el amor está convenientemente ausente y, por tanto, se idealiza con demasiada facilidad. En otras palabras, el amor nunca es solo amor, sino también una pantalla, el campo y el contracampo, donde se libran las batallas por la dominación y el poder. Como tal, no puede haber amor sin violencia. En una escena de *Ansikte mot ansikte* (*Cara a cara*, 1976), Bergman parece condensar la complejidad y, al mismo tiempo, la simplicidad de todas las relaciones humanas:

> Jenny permanece largo rato en la puerta mirando a los dos ancianos y la forma en que están unidos, avanzando lentamente hacia el misterioso y terrible punto en el que deben separarse. Ve su humildad y dignidad y, por un instante, percibe... que el amor lo abarca todo, incluso la muerte[6].

Es imposible repasar todas las películas de Bergman que hemos enumerado, ni siquiera profundizar en secuencias concretas de *Saraband*. Hemos intentado centrarnos en las que nos han parecido más reveladoras del sentimiento de soledad de la pareja. Este tema tiene como telón de fondo la dificultad de la comunicación que, en última instancia, como observamos recurriendo al mito platónico o la teoría de sistemas de Luhmann, reside en la imposibilidad de acceder al otro en su totalidad.

---

6. La traducción del portugués es nuestra. El texto original: «Jenny stands for a long time at the door looking at the two old people and the way they belong together, moving slowly in toward the mysterious and awful point where they must part. She sees their humility and dignity and for a short moment she perceives... that love embraces all, even death» (Bergman en Ketcham 1986: 343).

En este sentido, terminaremos con una referencia a una de las secuencias que consideramos más destacables de la filmografía del director, y no sólo de *Saraband*, y la que más nos permite entender este problema en su totalidad. Nos referimos concretamente a la última secuencia del capítulo 9, titulada «Crucial» (Morais 2023: 21). En el último plano de la secuencia, Bergman consigue que los espectadores seamos los únicos que sabemos que Marianne no lleva puesta su «sonrisa irónica». Johan, una vez más, no tiene acceso a los sentimientos de Marianne, pero en este plano en particular ni siquiera puede verle la cara, a diferencia de nosotros, los espectadores, que sí podemos.

Este plano también subraya nuestra relación con el personaje de Marianne que, desde el principio de la película, funciona como una alegoría del espectador: en el prólogo y el epílogo se dirige directamente a nosotros, intentando organizar fotografías dispersas en un intento de dar a su pasado una organización interna.

Bergman consigue aquí mostrar magistralmente que en el cine, ver equivale a saber, a diferencia de la literatura, donde es necesario recurrir a la descripción y a la imaginación. Este plano confirma también lo que se muestra a lo largo de toda la película: que cada ser humano sigue siendo un secreto para todos los demás. No hay campo contra campo, cada uno habla consigo mismo, aunque las palabras se dirijan al otro, como si verbalizaran un monólogo y no un diálogo.

Nunca puede haber un acuerdo directo, un entendimiento completo. Por tanto, puede decirse que la eficacia de la palabra se enfrenta a un límite infranqueable. Las palabras no dan acceso directo a la persona, lo más que pueden hacer es apuntar en esa dirección.

BIBLIOGRAFÍA

Arendt, H. (1969). *On violence*. Londres: Harcourt Brace & Co.

Arendt, H. (2001). *A condição humana*. Lisboa: Relógio D'Água.

Bergman, I. (1959). *Cahiers du Cinéma*, Octubre: 29-43.

Bergman, I. (1992). *Images*. París: Gallimard.

Bergman, I. (2007). *Linterna magica. Memorias*. 3ª ed. Barcelona: Tusquets Editores.

Ketcham, C. B. (1986). *The influence of Existentialism on Ingmar Bergman. An analysis of the Theological Ideas Shaping a Filmmaker's Art*, Vol. 5 - *Studies in Art and Religious Interpretation*. Queenston: The Edwin Mellen Press.

Kierkegaard, S. (2006). *O lo uno o lo otro. Un fragmento de vida*. Madrid: Editorial Trotta.

Lumholdt, J. (2003). Hot set Ingmar Bergman's *Saraband*. *Film Comment, 39*(3), 12-14.

Luhmann, N. (1991). *O amor como paixão. Para a codificação da intimidade*. Lisboa: Difel.

Luhmann, N. (1998). *Observations on modernity*. Stanford, California: Stanford University Press.

Luhmann, N. (1999). *A improbabilidade da comunicação*. Lisboa: Vega.

Morais, A. B. (2023). *Saraband* (2003), Ingmar Bergman. En Nelson Araújo (coord.), *Os 100 Melhores Planos do Cinema. 100 autores, 100 planos* (pp. 19-21). Lisboa: Edições 70.

Platão. (2001). *O banquete*. Lisboa: Edições 70.

Pessoa, F. (2006). *Autobiografia sem Factos*. Lisboa: Assírio & Alvim.

Puigdomènech, J. 2004. *Ingmar Bergman. El último existencialista*. Madrid: Ediciones J. C.

Sartre, J.-P. (1947). *Huis clos suivi de Les mouches*. París: Éditions Gallimard.

Svendsen, L. (2017). *A Philosophy of Loneliness*. Londres: Reaktion Books.

Valle Corpas, I. (2021). Cara a cara, la insularidad de la pareja: pasión y aislamiento en el cine moderno. En Esperanza Guillén (ed.), *Pasiones ocultas, Amores fatales. Imágenes del deseo en la cultura contemporánea* (pp. 181-214). Granada: Editorial Universidad de Granada.

CONSULTA

Fundación Ingmar Bergman: http://www.ingmarbergman.se. Consultado el 5 de septiembre de 2023.

Ciclo Ingmar Bergman. Marzo/Mayo de 1989. Lisboa: Cinemateca Portuguesa e Tetra Pak.

FILMOGRAFÍA

Bergman, I. *Törst* (*Tres amores extraños* (*La sed*, 1949).

Bergman, I. *Sommarlek* (*Juegos de verano*, 1951).

Bergman, I. *En lektion i kärlek* (*Una lección de amor*, 1954).

Bergman, I. *Det sjunde inseglet* (*El Séptimo Sello*, 1957).

Bergman, I. *Tystnaden* (*El silencio*, 1963).

Bergman, I. *Nattvardsgästerna* (*Los comulgantes*, 1963).

Bergman, I. *Persona* (1966).

Bergman, I. *Vargtimmen* (*La hora del lobo*, 1968).

Bergman, I. *En passion* (*Pasión*, 1969).

Bergman, I. *Scener ur ett äktenskap* (*Secretos de un matrimonio*, 1972).

Bergman, I. *Ansikte mot ansikte* (*Cara a cara*, 1976).

Bergman, I. *Höstsonaten* (*Sonata de Otoño*, 1978).

Bergman, I. *Aus dem Leben der Marionetten* (*De la vida de las marionetas*, 1980).

Bergman, I. *Saraband* (2003).

El individuo en crisis
Una mirada a la soledad contemporánea
a través del diálogo entre Morad y Sorrentino

ÓSCAR BARRIO FORMOSO
Universidad Complutense de Madrid

Dice Ricardo Sanmartín (2005), que el artista parte, tanto por su método de trabajo como por la sensibilidad desarrollada a través del mismo, de una posición epistémica privilegiada para comprender aquellos fenómenos que, en pleno surgimiento, los investigadores, y la sociedad en general, no han llegado aún a vislumbrar o lo hacen de forma borrosa y parcial. El artista, así, aporta claridad y novedad, formas-otras de entender realidades dañadas, hilos desde los que descubrir horizontes que aún se conjugan simplemente en futuro:

> Para realizar su trabajo el artista se acerca, inevitablemente, a algún límite de la experiencia humana, a una zona oscura o borrosa en su novedad, difícil de nombrar, y ante la cual, la cultura de su época no cuenta con instrumentos establecidos o consensuados con los que poder describirla. A esa tarea está llamado el artista: a nombrar, como Adán, el nacimiento de la realidad. Gracias a ese esfuerzo investigador el artista extrae la luz de la oscuridad, y con ella va alumbrando la gestación humana en la historia. Por eso decía Jung que «el artista es el altavoz de los secretos anímicos de su época» (Sanmartín, 2005: 16).

El artista es, entonces, el gran compañero epistémico para el antropólogo, para el filósofo. Y lo es quizás especialmente cuando hablamos de soledad, por su carácter silenciado, uno de esos grandes secretos

anímicos de época a los que Carl Gustav Jung se refería en la cita de
Sanmartín. Como bien recuerda Frieda Fromm-Reichmann (1959) a
este respecto, en uno de los textos clásicos de estudio de la soledad,
es la incomunicabilidad textual una de las principales características
de la soledad en tanto que afecto. En otro texto menos referencial,
pero enormemente sugerente, Bryonny Goowin-Hawkins y Mythily
Meher (2019) plantean que la esencia de la soledad reside en una
construcción estética, una tonalidad característica y diferencial respecto a otros afectos. Si esto es así, ¿cómo lograr llegar a entender
las soledades contemporáneas sin las pinturas hopperianas o sin los
maravillosos versos de Forugh Farrojzad (1974) en los que se grita
aquello de «Y aquí estoy,/ una mujer sola/ en el umbral de la estación
del frío,/ empezando a entender la contaminada existencia de la Tie-
rra/ y la sencilla y triste desesperación del cielo,/ y la incapacidad de
estas manos petrificadas»?

Efectivamente, el arte resulta imprescindible a la hora de entender
la soledad. Y si es así, no es solo por su capacidad de transcender el
lenguaje textual referencial, o por decirlo parafraseando a François
Laplantine (2014: 116), por buscar un lenguaje para poder decir lo
que a este excede[1]; sino también porque en torno a la soledad se ha
establecido, a manos de la ideología *psi* neoliberal, una ortodoxia
interpretativa tal que llega a ser complejo entenderla de forma alternativa[2]. Para transcender ambas dificultades no solo es imprescindible
el gran arte petrificado en los museos y libros canónicos, sino que lo

---

1. Que la poesía no es expresión sino producción no solo de un discurso sino de
todo un horizonte ideológico es algo que se asume en este texto pero se analiza con
profundidad en varios autores de tradición marxista como Fredric Jameson y destaca-
damente en Juan Carlos Rodríguez, teórico que dedicó toda su carrera a desentrañar
los modos cómo se anudan poesía y subjetividad.

2. Hemos de advertir, que no todas las sociedades abordan la soledad o la compañía de igual modo. En este texto nos referiremos al presente pero, por tomar un
ejemplo, las sociedades precapitalistas extendieron un concepto de amistad como
virtus que, venido del pensamiento griego, se prolonga hasta el mundo cristiano-me-
dieval para ir desapareciendo en ese horizonte capitalista que se conforma en torno al
siglo XIII-XIV.

es también aquel que la Academia e intelectualidad no ha dudado en relegar al silencio en un ejercicio de clasismo y colonialismo epistémico. De hecho, pocas sentencias pueden dar tantas pistas sobre la soledad como hecho social contemporáneo y emoción enmarcada en el capitalismo actual que aquella que Benito Antonio Martínez Ocasio, más conocido como Bad Bunny (2020), canta junto a Sech en su canción *Ignorantes*: «La soledad no me asusta/ pero dormir solo no me gusta».

Sin embargo, son Morad y Paolo Sorrentino los artistas que propongo como compañeros y acompañantes en un diálogo que no trata de esclarecer o interpretar su obra, sino, por el contrario, de despertar reflexiones sugerentes, en términos filosóficos y antropológicos, en torno a la soledad como afecto. Y si se propone, entre tantos artistas posibles, a ambos es principalmente por tres cuestiones —una de carácter personal y dos justificadas en el sentido y recepción de sus respectivas obras— que no anulan, en ningún caso, el hecho de hacer residir en la arbitrariedad y no la necesidad dicha elección. En primer lugar, se trata de reivindicar para la reflexión autores, artistas en este caso, que habitan mi cotidianeidad y la de la mayoría de las personas con las que convivo en el día a día, cuando los espacios académicos quedan atrás y atrás queda también ese lenguaje que, parafraseando a Brigitte Vasallo (2019), podría llamarse de la traición de clase. La segunda de las razones tiene que ver con la centralidad, muchas veces no reconocida, que la soledad tiene en sus obras. Una soledad, además, que es presentada de forma matizada, ambigua y contradictoria, lo que le suma un gran interés reflexivo. Y, por último, el tercer motivo que decanta la elección de Morad y Sorrentino se encuentra en la amplia acogida de ambos entre los jóvenes que, según dicen los estudios más recientes, son el colectivo más afectado por la soledad (SoledadES, 2022). Si dos artistas en los que la soledad ocupa un lugar central son tan acogidos por un público joven, no debe ser sino porque aquello que dicen, que trasmiten, su bosquejo de este afecto que tenemos entre manos, resuena en sus propios cuerpos, en nuestras propias experiencias.

LA DIALÉCTICA DE LA SOLEDAD

Morad El Khattouti El Horami, es un trapero catalán de ascendencia marroquí cuya experiencia vital, y por tanto su obra, está profundamente marcada por su condición de migrante de segunda generación. Una experiencia familiar de desarraigo, el padecimiento del racismo sistémico desde la infancia, la ausencia de una figura paterna, la separación de su madre en la adolescencia debido a cuestiones relacionadas con la custodia, su experiencia de años en centros de menores, la vivencia de la exclusión sostenida por la fronterización urbano-capitalista y, definitivamente, la tensión entre sus raíces humildes y su nueva posición privilegiada en la industria musical definen un sentido de soledad interesante por lo contradictorio del mismo. Un sentido que podría decirse plegado y que es localizado recurrentemente en acercamientos a la soledad basados en el trabajo etnográfico (Barrio, Moscoso y Sorreluz, 2024; Ruíz-Ballestero y Cantero, 2023). Para poder analizarlo en profundidad he seleccionado algunas de las canciones de su compleja y larga obra que tratan temas relacionados con la soledad. En algunos casos la soledad abarca la canción entera, en otros es simplemente un verso pero que por su importancia cualitativa es necesario abrazar.

Desde estas canciones se pueden discernir varias dimensiones de la soledad. Quizás, la más relevante, por peso en las mismas, sea su causalidad. Esta está profundamente asociada a la noción de traición y no-disponibilidad o, dicho en términos antropológicos clásicos, a la ruptura de la reciprocidad o avance en las relaciones íntimas de la reciprocidad negativa de la que habla Marshall Sahlins (2015: 203) entendiéndola como «el intento de obtener algo a cambio de nada gozando de impunidad» y que sostiene, según el autor, el utilitarismo relacional central en el sistema capitalista. Es por ello por lo que Morad no se cansa de afirmar, como hace en *Añoranza, sinónimo de soledad,* eso de «A nadie le faltó cuando yo ayudé y cuando no tenía sí que faltó» (Morad, 2021). Quizás la mejor expresión de esta lógica sea la canción *Soñar* donde mediante la retoricidad Morad se pregunta «Y dime, ¿dónde está esa amistad que está en lo malo?/ ¿Dónde está la amistad que nunca se te va?/ ¿Dónde está la amistad que no habla con lo ajeno?/ ¿Dónde está la amistad que no te dejará?» (Morad, 2021b). Es precisamente la retoricidad de la fórmula la que incorpora un elemento relevante e igualmente central: la idea de la inseguridad relacional, la percepción de lo volátil de lo relacional en el neoliberalismo, del riesgo (Le Breton, 2021). La soledad es, así, resultado de la incertidumbre como afecto epocal que coloniza, también, la esfera íntima y relacional.

Sin embargo, Morad va un paso más allá y esto quizás sea lo más interesante de esta primera dimensión. No se trata simplemente de señalar la inseguridad, volatilidad e inestabilidad de las relaciones con las que uno convive, tampoco de documentar el avance insoportable e imparable de la reciprocidad negativa, sino vincularlo con un elemento central, fetiche supremo de nuestra época: el dinero. «Traiciones media, interés dinero/ lealtad perdida por culpa de un número» (Delarue, Morad y SHB, 2022)*; «*Ay el dinero, ¿qué le pasa al dinero?/ que tu amigo se hace pasajero» (Morad y Jul, 2023), o «un amigo me falló y casi yo lo maté/ fue porque el dinero su mente le voló» (Morad, 2023). Resuenan aquí, inevitablemente, las conocidas palabras de Marx en el *Manifiesto Comunista* al retratar las relaciones sociales en el capitalismo:

> La burguesía [...] no ha dejado otro lazo entre hombre y hombre que el desnudo interés, que el seco «pago al contado». Ha sofocado el sagrado embeleso de la ilusión piadosa, del entusiasmo caballeresco, de la melancolía pequeñoburguesa en las aguas heladas del cálculo egoísta. [...] Ha rasgado el velo del tierno sentimentalismo que envolvía las relaciones familiares y lo ha reducido a una relación dineraria (Marx y Engels, 2012: 53).

Este argumento Marx lo retomará, sofisticándolo en su análisis de la mercancía y el fetichismo que la envuelve, en el primer tomo de *El Capital*, retratando la inversión dialéctica que se da en un mundo en el que la relación del hombre con el hombre es una relación cosificada, una relación entre mercancías (Marx, 2017:123). Tirando del hilo, es esto lo que Morad señala. En una canción que comparte con Maka y Dellafuente, se vuelve a decir «El mundo en que vivimos es el que nos pervierte/ Ya sabes que nunca tenemos suficiente» para repetir «Y vivimos con la soledad/ el dinero a personas no enriquece» (Maka, Dellafuente y Morad, 2020). Así, la soledad que Morad retrata ha de comprenderse como afecto íntimamente ligado a la forma misma de la relación en el sistema capitalista, no a su cantidad ni si quiera cualidad, sino a su forma más esencial que, mediada por el dinero, no es sino interesada, mercantil y siempre inestable. Algo que el propio sujeto incorpora si partimos de una ontología relacional e histórica como la que propone la lectura materialista e histórica que Étienne Balibar (2006) hace de Gilbert Simondon y Spinoza. Se descubre con Morad, entonces, una relacionalidad cosificada y pervertida, dolorosa, que mediada por las ontologías relacionales, constituye el sujeto dañado que nos encontraremos en la alegoría del cine sorrentiniano.

No obstante, Morad muestra otra cara de esa misma soledad. Y es importante hacer ese matiz de no diferenciación en el afecto. La soledad se sufre, pero, a la vez, simultáneamente, se ama: «No soy de pedir, porque la soledad es lo que amaba/ Nada de existir, porque la soledad es lo que amaba/ Nada de exigir, porque la soledad es lo que amaba/ Solo yo seguiré, porque solamente tengo a mama» (Delarue, Morad y SHB, 2022). Surge entonces una tensión de lo más relevante. Por un lado, la soledad se sufre y es dolorosa, «en la mente te lo juro que deja fractura» dice Morad (2023b) en *Problemas*, pero se ama a la vez como menciona en el fragmento anterior. Cabe, por tanto, preguntarse el porqué del amor a la soledad. Y esa pregunta remite eminentemente a un yo que en la soledad en tanto que separación del otro tiene espacio para autoformarse y autoafirmarse desapareciendo de vínculos sentidos como ahogo (Le Breton, 2016).

Es en soledad donde el yo se agarra a la prescripción neoliberal del individuo autónomo e independiente y se apropia de ella. Es en este momento dónde la apariencia, en el sentido marxista de la noción, de autosostenimiento más fuerza toma y se constituye como punto fuerte de la individuación, hasta el punto de que ese momento se resignifica, «se aprende a estar solo», y se toma como un elemento de crecimiento personal, de autoformación, de *bildung* en el sentido que la filosofía ilustrada y kantiana le concede a este concepto. «Paso mucho tiempo solo, pero no perdido», (Maes y Morad, 2023) es quizás la mejor expresión de esta máxima. Este yo, a su vez, y en un mundo complejo, volátil e inestable se presenta a sí mismo como único lugar de estabilidad, como elemento de seguridad. La autorreferencialidad del yo es, por tanto, autosostenimiento. Amarre en un mundo social que, como las olas, va y viene. Es así como la soledad cobra vida metafóricamente. Nos la vemos entonces con una soledad animada, epílogo y reflejo del yo, que acompaña, que no falla: «Solo pero es que no sé por qué la soledad no me quiere dejar/ y mientras pasa el tiempo ella no me fallará, no fallará» o «Soledad que me das/ que vienes y luego te vas/ no me dejes nunca jamás/ porque sin ti no soy capaz/ soledad qué me das/ que tanto me enamorarás/ sé que a nadie nada dirás/ solo contigo y nadie más» (Morad, 2023c).

La soledad es, por tanto en Morad un afecto ambiguo y problemático, plegado, contradictorio en sí mismo. Contradictorio, al menos, en el sentido en el que trata la noción Michael Taussig (2022: 162), como «juego inestable y tenso entre los opuestos, el cual de otro modo asume el aura de cosas fijas y con significado por sí mismas». Es simultáneamente un afecto tanto de afirmación gozosa del yo autónomo e independiente como de afirmación de la necesidad de ser-con-otros y dolor por la imposibilidad de serlo en las actuales condiciones sociomateriales que impone el capitalismo patriarcal y colonial. Se comienza a dibujar, de esta forma, un sujeto, esclarecido por el cine de Sorrentino y la noción de transindividualidad simondoniana, en el que compañía y soledad son pares dialécticos requeridos y necesitados por un sujeto arrastrado por procesos de conformación ontológica del ser que son inestables y tensos en sí mismo. Un sujeto que requiere soledad y compañía recíprocamente como condición ontogenética y que acaba por descubrir, más allá del fetiche de la individualidad neoliberal al que, por otro lado, la soledad no deja de responder, que solo-se-puede-ser-uno-siendo-con-otros. La mejor prueba de esta dialéctica a la que nos invita Morad es la canción *Paz* compuesta junto a Nicki Nicole (2023). En ella se afirma magistralmente el movimiento dialéctico que se viene señalando: por un lado, el dolor de la soledad como inseguridad relacional en una intimidad mediada mercantilmente («Dime que es lo que piensas/ cuando la soledad te atormenta», «Hay cosas que no he asimilado/ como que me hayan fallado»), por otro, la soledad como autoafirmación gozosa del yo y su autoformación y poder («Antes de esto no estaba completa», «Soy yo quien solita me salvo», «Y yo solo era el que me ayudaba/ y la soledad la que me arropaba»), para acabar entreviendo levemente la fractura del velo fetichista del individualismo moderno y afirmarse en relación necesaria de constitución del yo («Gracias a mi gente me vuelvo eterna/ son lo único bueno de toda esta mierda»).

LAS CONSECUENCIAS DEL AMOR, LAS CONSECUENCIAS DE LA RELACIÓN

Es esta dialéctica, y sus matices múltiples y complejos, la que se encuentra tras la mirada sorrentiniana de la soledad. Sorrentino, ganador de un *Oscar* por *La Gran Belleza* (Sorrentino, 2013), perdió a sus dos padres cuando solo era un adolescente. Será esta experiencia la que marque su acercamiento a la soledad y, también, su obra. En *Fue La Mano de Dios* (Sorrentino, 2021), en la que retrató en forma autobiográfica esta desgracia, refleja la importancia del acontecimiento y la influencia del afecto que nos ocupa en su vida y su propia autoformación como artista. Citando y parafraseando a Federico Fellini, en esta misma cinta, Sorrentino pone en boca de uno de sus personajes: «el cine no sirve para nada, pero distrae, distrae de la realidad. La realidad es decadente». Es, precisamente, a esa realidad decadente a la que el napolitano dedica su cine que, lejos de simplemente entretener, denuncia el espectáculo, en paralelo a Guy Debord (Jappe, 2023), como fase superior del fetichismo de la mercancía —primer cruce de relevancia con Morad— y el sujeto que de esta realidad invertida surge. Para profundizar en estas nociones me he acercado a toda la filmografía del autor, excluyendo el análisis profundo de *Un Hombre de Más*, *Il Divo* y *Un Amigo de la familia*, que no he podido revisitar para este análisis en profundidad de la obra sorrentiniana.

El cine de Sorrentino pone en primer plano al sujeto, al sujeto moderno y, generalmente, privilegiado: hombre, blanco, adulto, burgués. Y desde ahí muestra, precisamente, su decadencia, su podredumbre. Sorrentino se acerca a ella desde un plano mordaz, pero también analítico y emocional. Desde un cine que busca impregnarse de lo sensorial y lo onírico y captarlo a través de la lente, casi alegórico, plagado de metáforas visuales y evocaciones, el director italiano nos muestra la soledad del sujeto. Una soledad que no es una cuestión relacional —al menos directamente, pues partiendo desde una ontología relacional todo es constituido por la relación—, sino la figuración afectiva de una crisis de identidad del yo, algo que ya intuye, en cierto sentido, Fay Bound Alberti en su *Biografía de la Soledad* (2021). La crisis del sujeto, o el sujeto en crisis, es algo que está presente en la mayoría de sus largometrajes, así como en las propuestas televisivas que ha realizado. De hecho, muchas veces la intertextualidad conecta las crisis de los protagonistas de Sorrentino.

Quizás la más famosa de las escenas en las que se escenifica dicha crisis sea aquella perteneciente a *La Gran Belleza* (Sorrentino, 2013) en la que, en una iglesia, una niña, como si de su inconsciente mismo se tratase, pregunta al protagonista de la cinta Jep Gambardella, interpretado por un gran Toni Servillo, «¿quién eres?». Este repite interrogándose extrañado y como si de un eco se tratase: «¿Quién soy?». A aquello la niña le vuelve a responder «no eres nadie». Y cuando Gambardella se dispone a responder, entonces, su voz es ahogada por una música creciente que no deja entender nada. La pérdida de la capacidad de ser escuchado en un mar de ruido es, aquí, la mayor alegoría de ese yo diluido tras el que se esconde la soledad, el silencio.

El desvanecimiento del ser autónomo moderno se refleja también en la figura de Silvio Berlusconi que, en *Silvio y los otros* (Sorrentino, 2018), cuenta cómo una señora le pregunta quién es realmente. Cuando lo rememora afirma «me dejó consternado porque no lo sabía». La inconsciencia y también la inconsistencia, la sensación de un yo que se escapa por los dedos es la sensación que Sorrentino no deja de perseguir. El propio Silvio vuelve a afirmar: «La monstruosa sospecha de ser superfluo es algo que me mata». Encontramos, así, un personaje que no se encuentra a sí mismo en un espacio —el mundo— que solía ser de afirmación. También el Papa Pío XIII, en *The Young Pope* (Sorrentino, 2016), es fruto de esta duda. Huérfano y abandonado por Dios no puede más que afirmar que él mismo es una contradicción. Igualmente, célebre es la sentencia de uno de sus sucesores, Brannox, que, ya en *The New Pope* (Sorrentino, 2019), deja una nueva muestra de la soledad con la que Sorrentino identifica la crisis del yo en el capitalismo tardío: «Yo soy *Defectus*. *Defectus* en latín significa carente. Yo carezco de mí mismo».

El argumento no se sostiene solo con palabras, incapaces de reflejar aquello que se les escapa, como bien dice Laplantine (2015). Por el contrario, este análisis del yo desbordado es reflejado en los silencios agónicos de los guiones sorrentinianos, pero también en la composición de planos e imágenes que definen la característica obra del napolitano. En pantalla siempre hay dicotomías. Por un lado, planos que muestran espacios vacíos que reflejan la subjetividad del protagonista que deviene en un no-lugar, por hacer referencia al influyente concepto de Marc Augé (2017), sin identidad y con una historia borrada, desvanecido en la nada. Y por otro lado planos repletos de gente que, sin embargo, mantienen una especie de aura de soledad total, personajes encerrados en sí mismos, sin apenas cruzar una mirada que se desvía a la nada, que, cuando se da, no tiene peso. Por un lado, así mismo, planos en los que los sujetos solo se encuentran en los márgenes y tienden a las líneas de fuga. Y, por otro, imágenes perfectamente simétricas en las que el sujeto no hace más que desbordar sutil y permanentemente el equilibrio estético, que en este caso es también ontológico-identitario.

Esto es lo que filma Sorrentino. El individuo desbordado, el individuo en constante crisis de identidad, el individuo tendente a la disolución, en la nada o en el espectáculo de la multitud: el individuo de la soledad. Una soledad que, como menciona Elios Mendieta (2022: 167) en su obra sobre el director, «se experimenta como exceso o vaciamiento de la individualidad». Es precisamente ese desborde de la individualidad lo que, como más tarde se propone, se encuentra en el fondo mismo de la producción de soledad. Soledad que para Sorrentino siempre configura la misma pregunta que, nos dice en *La Gran Belleza* (Sorrentino, 2013), André Breton hace en unas de sus novelas: ¿quién soy? A lo que sus personajes solo pueden responder, como en el intento de Gustave Flaubert, con la escritura de la nada, con el ruido vacuo, con el «blablablabla» con el que culmina el autor su mejor película.

Sin embargo, este es simplemente el punto de partida. Una foto fija en una fábula moderna sobre la existencia relacional que no puede ser sino, aunque profundamente melancólica, profundamente, también, optimista. Nos encontramos, pues, ante un hombre solo en tanto que desbordado en su individualidad. Desborde esencialmente contradictorio como nos decía Lenny en la primera entrega del retrato de Sorrentino (2016) del Vaticano. Y desbordado no por la nada, sino por procesos materiales que, de nuevo, tienen que ver con el fetichismo de la mercancía, con el espectáculo que convierte las relaciones entre personas en meras relaciones abstractas entre imágenes. *La Gran Belleza* (Sorrentino, 2013), como obra maestra del autor, es el claro reflejo de ello. Mundanidad, vacío existencial, mera pose. El individuo que habita este mundo, no obstante, está sujeto a una doble aflicción que resulta en tal estado. Por un lado, no es capaz de encontrarse a sí mismo. Por otro lado, solo vive una vida relacional superficial, sin intimidades, basada en la mentira y en esa pose denunciada. Y ambas cuestiones no tejen una relación de exterioridad, sino que, por el contrario, están profundamente interrelacionadas. No encuentra a los otros porque no se encuentra a sí mismo, ni se encuentra a sí mismo porque no encuentra a los otros. Aquella dialéctica, llamada por Simondon (2015) transindividualidad, con la que se cerraba el análisis de Morad se encuentra aquí, ahora, como punto de partida en su negatividad.

Y partiendo de ahí, paradójicamente en un autor tan complejo, el desarrollo de todas sus obras procede de la misma forma, o, al menos, de una forma muy similar. Se da un momento catártico, centrado en el encuentro inesperado, casual. Un encuentro con un recuerdo, con una persona, con un secreto o incluso con Dios. Y aquel encuentro lo invade todo, lo desestructura todo. Desestructura ese yo vacío, y gozoso en inicio, en el que el individuo está sumido. Entonces, todo es replanteado. Como dice Walter Benjamin (Tesis V, 2008), «el pasado sólo cabe retenerlo como imagen que relampaguea de una vez para siempre en el instante de su cognoscibilidad». Y este es el instante. Aquel encuentro le permite al individuo respirar ante tal crisis, dar la vuelta a la dialéctica. Se encuentra a sí mismo y encuentra a los otros, como en *Un lugar donde quedarse* (Sorrentino, 2011); o encuentra a los otros y, entonces, se encuentra a sí mismo. El final de *La Juventud*

(Sorrentino, 2015) es un precioso ejemplo de esto. El protagonista se encuentra a sí mismo en la alegoría de la *Montaña Mágica*. Solo entonces puede reencontrarse con su mujer lo que, de nuevo y dialécticamente, le permite reconciliarse con su propio yo.

Las Consecuencias del Amor, nombre y tesis de otra de sus películas (Sorrentino, 2004), son precisamente esas: la reconciliación. El amor es la relación. Y su consecuencia es acabar con la soledad nombrada como crisis del sujeto. Las consecuencias del amor son retomar la palabra. La agencia. La honestidad, y la claridad con uno mismo. Aunque aquello nos lleve a la muerte como sucede en esta película. Las consecuencias del amor son encontrar las raíces como en *La Gran Belleza* (Sorrentino, 2013), no como espacio prístino previo a la alienación fetichista, sino como metáfora del estar anclado, del estar sujeto, del estar en relación. Del tacto que menciona la masajista de *La Juventud* (Sorrentino, 2015) en claro diálogo con Merleau-Ponty. Las consecuencias del amor, finalmente, son descubrir, como Brannox en el final de *The New Pope* (Sorrentino, 2019), «que mi fragilidad es fortaleza, y no condena». Descubrir eso acaba con la soledad, porque rasga definitivamente el velo del individualismo moderno. Aceptar la fragilidad es aceptar el desborde, no odiarlo. Definitivamente, es aceptar La Piedad como símbolo primordial en Sorrentino. Símbolo del desvanecimiento del individuo, pero también del sostenimiento en el otro. De cuidado, de encuentro y, finalmente, de redención. La de un sujeto vacío que solo encuentra sentido emocional, relacional e incluso existencial en reposar abatido en los brazos del otro. Las consecuencias del amor son aceptar que, como dice Marina Garcés, somos seres inacabados definidos por la

> Reversibilidad, reciprocidad, vulnerabilidad, anonimato: reversibilidad de una visión inagotable, que requiere de la mirada de otro para ser completada; reciprocidad de las acciones y de los quehaceres, para los que una sola vida nunca podrá bastarse a sí misma; vulnerabilidad como condición de los cuerpos y de las mentes expuestos a lo que no pretenden controlar; anonimato, finalmente, de una vida compartida que escapa a los nombres, que solo es intermitentemente personal, parcialmente reconocible, frágilmente identificable (Garcés, 2013: 146).

SOLEDAD, TRANSINDIVIDUALIDAD Y COMUNISMO

Las consecuencias del amor, así, no son otra cosa que el nombre que Sorrentino da a la transindividualidad simondoniana, la idea de que el devenir del individuo es un juego relacional sustentado, precisamente, relacionalmente. Traer aquí, para acabar, este marco conceptual desarrollado en la síntesis entre la lectura de autores marxistas de corte spinozista y las aportaciones de Simondon, tiene el objetivo, finalmente, de dibujar una noción de soledad alternativa a la propuesta por las ciencias psicobiomédicas cargadas de sesgos neoliberales. Algunas ideas desarrolladas en el diálogo sugerido entre las obras relativas a la soledad de Morad y Sorrentino han abierto, ya, la posibilidad de teorizar sobre ello.

Para Simondon (2015), frente al esencialismo y el substancialismo, el ser es devenir. Devenir transindividual en concreto, es decir, relacional. Y, por tanto, lo relevante a la hora de entender este ser es seguir el proceso de su devenir individuo o, en otros términos, el proceso de ontogénesis por individuación. Ya no se trata de acercarse a lo que está en cada individuo, sino entre ellos. Solo desde este punto, dice Simondon, se puede lograr llegar a una comprensión de este. Otra de las ideas importantes que deja la noción de transindividualidad es que el individuo es un modo en el sentido spinozista, es decir, un estado transitorio sin causa en sí mismo (Balibar, 2009: 17). De este punto, a su vez, surgen dos sugerencias teóricas. Por un lado, la noción del individuo como un estado transitorio ayuda a comprender que el individuo moderno, definido por la unidad y la identidad, ni es el principio ni el final de las posibilidades del ser. Por el contrario, no es más que un momento de un devenir más amplio, un equilibrio metaestable, dinámico, que, sin embargo, tiene capacidad transductiva, o, en otras palabras, capacidad de revertir ese estado de equilibrio metaestable desfasándose a sí mismo por acción de las fuerzas contradictorias que funcionan en su síntesis. Por otro lado, el no tener causa en sí mismo apela a que el individuo es siempre una realidad compuesta, construida en relación: en el que la relación es el momento constitutivo. Así, el individuo llega a ser único y separado solo porque otros lo son en la misma forma. Finalmente, la aportación de la ontología relacional y transindividual propuesta por Simondon y Balibar a través de la lectura de Spinoza permite un último matiz importante: la idea de que la individuación *mediante* y en la *relación* es permanente. La individuación absoluta, por tanto, no existe. No es posible el cierre categorial del individuo. Puede tenderse a ello, pero nunca se da en su totalidad. Como decía Garcés (2013) el sujeto es siempre apertura.

Todo ello, llevado a términos sociales puede traducirse en la noción de que la forma-individuo es solo una de las formas posibles en las que el sujeto se puede manifestar. Esta, es construida en y por la totalidad [*ensemble*] de las relaciones sociales —entendiendo esta totalidad— ensamblaje, desde las concepciones de Balibar (2012: 22-23) en su matiz a la ontología marxista, como definida por el inacabamiento, la no jerarquización y la multiplicidad —que en su constante actuación generan un proceso dialéctico, de individuación—. Así, el individuo resultaría de un equilibrio metaestable de lógicas individualizadoras y desindividualizadoras o, por decirlo con Paolo Virno (2003), del cruce tenso entre fuerzas preindividuales e individuadas. De este cruce de fuerzas, de esta tensión, se resuelve la constante capacidad de transducción, de superación del actual paradigma individualista. En este contexto, el propio Virno afirma:

> Esta convivencia [de elementos preindividuales e individuados en el proceso de individuación] no es siempre pacífica. Es más, da lugar a varias formas de crisis. El sujeto es un campo de batalla. No pocas veces los aspectos preindividuales ponen en cuestión la individuación; y esta última demuestra ser un resultado precario, reversible en cualquier momento. Otras veces, por el contrario, es el «yo» puntual el que parece querer reducir así, con paroxística voracidad, todos los aspectos preindividuales de nuestra experiencia. En ambos casos, ocurren a menudo fenómenos de temor, pánico, angustia, patologías de varios tipos y géneros (Virno, 2003: 79).

Es precisamente el correlato afectivo de este proceso, de esta tensión constitutiva del individuo moderno, lo que propongo que puede ser la soledad. Como Marx (2017) menciona en *El Capital*, el capitalismo solo puede mantenerse en pie a cambio de conjugar formas, relaciones de cooperación y competencia (a veces en la misma relación), relaciones invertidas y contradictorias como las que definen el fetichismo de la mercancía. Esto, junto a las aportaciones de los teóricos de la transindividualidad, lleva a sugerir que el proceso de constitución del sujeto como forma-individuo en el contexto capitalista surge precisamente de cierto equilibrio metaestable en esa tensión, como también sugiere Sandro Mezzadra (2014: 130). Ahora bien, las relaciones son múltiples, variadas, móviles y, como bien dice Virno, en ciertos momentos ese equilibrio, sin llegar a romperse, es movido, en riesgo de desborde. Es entonces cuando en el modelo propuesto se produce la soledad como correlato afectivo de este proceso de desborde. La soledad como desborde, por tanto, de la individualidad.

¿No es esto acaso lo que muestran Sorrentino y Morad? El desborde de un individuo en crisis constante, sujeto a relaciones invertidas y contradictorias en sí mismas. Un desborde manifestado como soledad doliente y sufrida, pero también como anhelada y sanadora. Precisamente, porque como bien supo leer Mendieta (2022) en la obra sorrentiniana, en lo que parece una relectura de la cita ya mencionada de Virno, el desborde es tanto por defecto como por exceso de individualidad que diría Robert Castel (2010). En este punto, la única salida es el amor que dice el propio Sorrentino: la relación, cuya consecuencia es descubrirse necesariamente siendo-uno-solo-siendo-con-otros. Llevar al extremo esta idea. Hacerla coherente tanto material como culturalmente es a lo que Balibar (2021: 150) llama en algún momento comunismo: momento de transducción por excelencia que avanza hacia un ser transindividual. Un comunismo que será la única forma real y radical de armonizar la contradicción inherente en la modernidad capitalista de la que la soledad es solo muestra.

BIBLIOGRAFÍA

Augé, M. (2017). *Los no lugares*. Barcelona: Gedisa.

Balibar, É. (2006). *La filosofía de Marx*. Buenos Aires: Nueva Visión.

Balibar, É. (2009). *Spinoza: de la individualidad a la transindividualidad.* Córdoba: Encuentro Grupo Editor.

Balibar, É. (2012). From Philosophical Anthropology to Social Ontology and Back: What to Do with Marx's Sixth Thesis on Feuerbach? *Postmodern Culture, 22*(3), https://doi.org/10.1353/pmc.2012.0014.

Balibar, É. (2021). *Spinoza político. Lo transindividual.* Barcelona: Gedisa

Barrio, Ó.; Moscoso, M. y Sorreluz, A. (eds.) (2024). *Soledades habitadas. Pliegues de la cotidianeidad.* Madrid: Plaza y Valdés.

Benjamin, W. (2008). *Sobre el concepto de historia.* Madrid: Ábada.

Bound Alberti, F. (2021). *Una biografía de la soledad.* Madrid: Alianza.

Castel, R. (2010). *El ascenso de las incertidumbres: trabajo, protecciones, estatuto del individuo.* Buenos Aires: Fondo de Cultura Económica.

Farrojzad, F. (2019). Tengamos fe en el comienzo de la estación del frío. En F. Farrojzad. *Eterno Anochecer* (p. 301). Madrid: Gallo Nero.

Fromm-Reichmann, F. (1959). Loneliness, *Psychiatry, 22*(1), 1-15.

Garcés, M. (2013). *Un mundo común.* Barcelona: Bellaterra.

Goodwin-Hawkins, B. y Meher, M. (2019). Epistolary Fragments for an Anthropology of Loneliness. *Irish Journal of Anthropology, 22*(1), 114-121.

Jappe, A. (2023). *Guy Debord.* Logroño: Pepitas de calabaza.

Laplantine, F. (2014). *The Life of the Senses. Introduction to a Modal Anthropology.* Londres: Bloomsbury.

Le Breton, D. (2016). *Desaparecer de sí. Una tentación contemporánea*. Madrid: Siruela.

Le Breton, D. (2021). *Sociología del riesgo*. Buenos Aires: Prometeo libros.

Marx, K. y Engels, F. (2012). *El Manifiesto Comunista*. Madrid: Alianza.

Marx, K. (2017). *El Capital. Libro Primero*. Madrid: Siglo XXI.

Mendieta, E. (2022). *Paolo Sorrentino*. Madrid: Cátedra.

Mezzadra, S. (2014). *La cocina de Marx. El sujeto y su producción*. Buenos Aires: Tinta Limón.

Ruiz-Ballestero, E. y Cantero, P. A. (2023). Soledad buscada y soledad impuesta. Experiencias de soledad en Galápagos, Sierra Morena y Los Andes. En L. Mariano, B. Rivero y D. Conde. (eds.), *Antropología de la soledad. Teorías y etnografías contemporáneas* (pp. 387-404). Valencia: Tirant Humanidades.

Sahlins, M. (2015). *Economía de la Edad de Piedra*. Madrid: Akal.

Sanmartín, R. (2005). *Meninas Espejos e Hilanderas. Ensayos en antropología del arte*. Madrid: Trotta.

Simondon, G. (2015). *La individuación a la luz de las nociones de forma y de información*. Buenos Aires: Cactus.

SoledadES. Observatorio Estatal de la Soledad No Deseada. (2022). *Informe de Percepción Social de la Soledad No Deseada*. Recuperado de: https://www.soledades.es/sites/default/files/contenidos/Informe_percepcion_social_soledad_v2.pdf.

Taussig, M. (2021). *El diablo y el fetichismo de la mercancía en Sudamérica*. Madrid: Traficantes de Sueños.

Vasallo, B. (2019). Lenguaje académico y traición de clase. *Píkara magazine*. Recuperado de https://www.pikaramagazine.com/2019/04/lenguaje-academico-y-traicion-de-clase/.

Virno, P. (2003). *Gramática de la multitud. Para un análisis de las formas de vida contemporáneas.* Madrid: Traficantes de Sueños.

REFERENCIAS MUSICALES

Bad Bunny ft. Serch (2020). Ignorantes [Canción]. En *Yo Hago Lo Que Me Da La Gana.*

Delarue, Morad y SHB (2022). La Soledad [Canción]. En Delarue, *Otro Royo.*

Maes y Morad (2023). Criminel [Canción]. En *Criminel* [Sencillo].

Maka, Dellafuente y Morad (2020). Siempre que amanece [Canción]. En Maka, *Bendiciones.*

Morad (2021). Añoranza, sinónimo de la soledad [Canción]. En *Añoranza, sinónimo de la soledad* [Sencillo].

Morad (2021b). Soñar [Canción]. En *Soñar.* [Sencillo]

Morad (2023). Un amigo me falló [Canción]. En *Reinsertado.*

Morad (2023b). Problemas [Canción]. En *Reinsertado.*

Morad (2023c). Soledad [Canción]. En *Reinsertado.*

Morad y Jul (2023). Se Grita [Canción]. En Morad, *Reinsertado.*

Morad y Nicki Nicole (2023). Paz [Canción]. En Morad, *Reinsertado.*

FILMOGRAFÍA

Sorrentino, P. *Le conseguenze dell'amore* (*Las consecuencias del amor,* 2004).

Sorrentino, P. *This must be the plae/ Questo deve essere il posto* (*Un lugar donde quedarse,* 2011).

Sorrentino, P. *La grande belleza* (*La Gran Belleza*, 2013).

Sorrentino, P. *La giovinezza* (*La juventud*, 2015).

Sorrentino, P. *The Young Pope* (2016).

Sorrentino, P. *Loro: International Cut* (*Silvio (y los otros)*, 2018).

Sorrentino, P. (2019). *The New Pope* (2019).

Sorrentino, P. *È stata la mano di Dio* (*Fue la mano de Dios*, 2021).

De edenes cercanos a infiernos internos
soledades y duelo en *Close*

Luis León Prieto
Investigador independiente

INTRODUCCIÓN

La soledad se ha convertido en una cuestión cada vez más debatida en la actualidad, a través de nuevos enfoques: ya no se trata únicamente del estereotipo del anciano solo y vulnerable, sino que afecta de forma transversal a todas las capas sociales. En una reciente encuesta de la Fundación Once y Ayuda en Acción, de hecho, se pone de relieve cómo «los adolescentes y jóvenes son el grupo social más afectado» (Torices, 2024: 42), frente a las personas de elevada edad. Según esta investigación, las causas de mayor peso para explicar esta situación son los trastornos psicológicos, el acoso escolar o *bullying*, la pobreza y la discriminación por orientación sexual o identidad de género, algunas de las cuales nos acercan ya a la temática desarrollada en el filme que será objeto de estudio en este texto, *Close* (Dhont, 2022). Cabe destacar cómo dicha encuesta se refiere, de forma específica, a la soledad no deseada, la cual no siempre se identifica con la soledad física, como remarca Del Palacio (2023: 3). Este autor expone cómo, si este asunto ha comenzado a preocupar a las autoridades públicas, tanto en España como en otros países, es en buena medida por su dimensión económica: en el caso español, se calcula en 14.100 millones de euros al año el coste económico derivado de los problemas causados por la soledad no deseada (2).

Entre estos, Paula Ríos y Nora Londoño (2013: 147) citan otros estudios que asocian el hecho de vivir en soledad con una mayor probabilidad de desarrollar adicciones e incluso con el suicidio de letalidad alta y extrema. Sin embargo, la soledad en sí misma no es necesariamente perjudicial, por ello se distingue entre deseada y no deseada, además de otra distinción que se reproduce al comienzo de la obra de Bound Alberti (2022: 9-10): aunque en castellano no aparezca, el idioma inglés habla de *loneliness* para referirse a «la soledad en cuanto que estado emocional», mientras que *solitude* alude al «estado de estar solo», sin incluir connotaciones negativas o emocionales. Bound Alberti, por otro lado, destaca cómo en Reino Unido la soledad se ha declarado como «epidemia» para la salud pública, hasta el punto de que «el Gobierno anunció la creación de un Ministerio de la Soledad en enero de 2018» (24).

La etapa de la pubertad, antes aludida, es en la actualidad más proclive a asociarse con distintos grados de soledad, de manera especial en el contexto postpandemia de covid-19, tal y como señalan recientes estudios (Balluerka Lasa et *alii*, 2020): la sobreexposición a los distintos aparatos electrónicos derivada de las medidas de distanciamiento social ha ocasionado episodios de aislamiento y provocado fenómenos como el FOMO (*Fear Of Missing Out*), que significaría de modo literal «miedo a perderse lo que sucede» (Bound Alberti, 2022: 161) o el «síndrome de disforia de *Snapchat*» al que alude Fonseca (2019: 25), por el cual adolescentes, y más las mujeres jóvenes que los varones, distorsionan su propia imagen al compararla con aquellas que, manipuladas por diversos filtros, circulan por el espacio virtual. *Close* se desarrolla, dentro de este contexto, en una época que transita entre la infancia y la adolescencia, y el objetivo de esta investigación es exponer cómo aparece reflejada la soledad en la historia, no solo relacionada con los personajes adolescentes. Por otro lado, cabría hablar de soledades, en plural, por las distintas facetas con las que el director y guionista presenta el aislamiento y el sentirse fuera de la sociedad, por motivos como el duelo, la falta de integración, la pérdida de la amistad u otros. Todos ellos aparecen en un relato que expresa tanto el peso que puede suponer la diferencia como la esperanza de compartir nuestras soledades como medio de obtener consuelo ante la adversidad.

CLOSE Y SU POSIBLE ENCAJE DENTRO DEL CINE *QUEER* RECIENTE

Algunas de las críticas cinematográficas sobre *Close*, incluyendo aquella que se reflejará en la conclusión de este trabajo, han destacado su carácter de cine *queer*; ahora bien, habría que plantearse qué significa esa etiqueta asociada a un filme, o bien qué concepto abarca de forma más general. Serrano (2020: 80-81) explica cómo este término, en principio, constituía un insulto contra las personas homosexuales, que fue resignificado por la propia comunidad LGTBI+ para empoderarse en su disidencia. Preciado (2009: 150) ahonda en las características de la teoría *queer*, nacida en los años ochenta del pasado siglo, que pretendía, además de esta apropiación de la injuria, cuestionar las tradicionales oposiciones binarias (hombre/mujer; hetero/homosexual) y además incluir otros ejes, como la etnia, la edad, la clase o la discapacidad. De este modo, ¿debería ser un cine *queer* necesariamente subversivo o incómodo, atacar el orden establecido? *Close*, en ese sentido, se mueve dentro de una ambigüedad que se diría calculada, pero sí es una película que plantea preguntas incómodas. Para juzgar, antes de su análisis, si realmente forma parte de una corriente *queer*, conviene detallar la aún breve filmografía de su autor.

El belga Lukas Dhont, con su anterior obra *Girl* (2018), que participó en el Festival de Cannes, se basó en una historia real, la de la bailarina Nora Monsecour, quien dio su aprobación a este proyecto inspirado en su vida como persona transgénero. Dentro de las buenas críticas que obtuvo, no faltaron polémicas, como la desatada por el hecho de que fuera interpretada por el actor Victor Polster (Iber, 2022: 131). Por otro lado, también fueron controvertidas algunas escenas crudas y de violencia gráfica, como aquellas en las que Lara, la protagonista, atenta contra su propio cuerpo (133-134). Esto crea un notable contraste con *Close*, Gran Premio del Jurado en Cannes, donde la violencia suele estar en segundo plano y los temas son tratados con mayor sutilidad. La historia que narra, en apariencia sencilla, es la de dos chicos belgas de trece años, Léo y Rémi, que tienen una relación de amistad muy cercana (de ahí la conexión con el adjetivo *close* del título original). Sin embargo, al entrar en el instituto, por una serie de motivos que no serán adelantados aquí, Léo comienza a alejarse de Rémi, hasta que se produzca un suceso inesperado que, desde la soledad y el aislamiento iniciales, derive en la pérdida y el duelo que se analizarán con posterioridad. Aunque *Close* no parece tan claramente adscrita a una corriente de cine *queer* como *Girl*, sí que indaga y trasciende las fronteras establecidas en cuestiones como los roles de género, los ritos de paso entre la infancia y la pubertad o el señalamiento de lo diferente. Además, comparte cierta sensibilidad con otros títulos europeos recientes, susceptibles de ser citados como parte de esa corriente.

De la directora Céline Sciamma existen dos claros ejemplos: en primer lugar, *Tomboy* (2011), que recoge en su argumento motivos temáticos muy similares a los de las películas citadas de Dhont: la identidad de género y, en este caso, mostrando a un personaje más infantil que en *Close*, no llegado aún a la pubertad. En segundo lugar, *Retrato de una mujer en llamas* (2019), con una ambientación y un tono muy diferentes, narra una historia de época y el romance prohibido entre dos mujeres. También es una relación entre dos mujeres la que aparece en *La vida de Adèle* (Kechiche, 2013), basada en el cómic *El azul es un color cálido*, de Julie Maroh: ganadora de la Palma de Oro en Cannes, asimismo aparece el tópico de la adolescencia, con personajes de más edad que los de *Close*; no obstante, se acentúa el erotismo explícito, lo cual fue objeto de polémica y de incomodidad manifiesta por parte de las dos actrices principales. Por último, aunque ya fuera de la cinematografía europea, se ha considerado conveniente destacar el filme *Monster* (2023), del japonés Kore-eda, por su remarcable similitud con *Close*, la mayor de toda esta breve serie: a través de distintos puntos de vista nos vamos acercando a la verdad, que es la de dos niños, próximos a la adolescencia, que empiezan a enamorarse y crean un refugio en la naturaleza que los aísle del acoso en la escuela y de las irreales expectativas de su familia. A pesar de la distancia física, ambas historias se preocupan por temas universales, con desenlaces más o menos optimistas para sus protagonistas o para las personas que los rodean.

DEL EDÉN HACIA LA SOLEDAD: LA CONVERSIÓN DE LOS ESPACIOS

Las transiciones espaciales a lo largo de *Close* ostentan una importante relevancia en la evolución de los personajes: la situación inicial de los dos amigos resulta, en cierto modo, edénica (quizá no por casualidad, el nombre del actor que interpreta a Léo es Eden Dambrine). No es que pueda considerarse un equivalente exacto de la de Adán y Eva, pero el escenario en el que los vemos en las primeras escenas es un campo de flores en el que desarrollan sus juegos y crean un mundo imaginario, aislado por completo de la vida urbana y del resto de la sociedad. Como se mencionó anteriormente, es una película de fronteras, físicas o simbólicas, del espacio transitorio entre la infancia y la adolescencia. Existen varias dicotomías espaciales en este relato, no solo esta, también se confronta el espacio público frente al privado, el virtual frente al no virtual, la familia frente a la escuela; incluso, el concepto de belleza frente al de utilidad, ya que esos campos en los que juegan en su inocencia serán, posteriormente, recolectados por la familia de Léo para exprimir las flores y extraer su esencia, en eso consiste su medio de vida. Antes de esa destrucción tan simbólica, sin embargo, los dos amigos disfrutan tanto de espacios abiertos como de otros cerrados y más íntimos, donde expresan su afecto sin preocuparse de la opinión ajena: ahí está la secuencia en la que ambos duermen juntos en la misma cama, que no ostenta mayor connotación que la de una amistad cercana como la suya.

El espacio de la frontera ha sido estudiado por Anzaldúa (2007: 387-388) como una especie de existencia en tierra de nadie, un tercer espacio de bordes flexibles, que es el que se presenta a Léo y Rémi en la película. Cuando, desde su aislamiento inicial, pasen a ingresar en el instituto, se producirá un choque: el código ha cambiado y sus gestos ya no significan lo mismo. El afecto que se expresan mutua y naturalmente lleva a que, dentro del grupo de su clase, chicos y chicas, haya quienes piensen que son pareja, a pesar de que ellos lo nieguen. Ante esa mera sospecha, Léo decide ir modificando su relación con Rémi, para así integrarse en el grupo que considera más popular. Y no solo va a modificar su conducta en público, sino que en privado también variará su comportamiento, a través de una simbólica expulsión de Rémi de su cama, llegando a pelearse físicamente con él. La tecnología, como pudo observarse en la introducción, resulta un factor determinante para el cambio: los dos amigos, al igual que el alumnado de su clase, forman parte de lo que Bauman define como «nativos digitales líquidos» (Bauman y Leoncini, 2018: 98-99), con su propia forma de entender las relaciones personales y su oscilación dicotómica entre un espacio «online» y otro «offline» (75). La distancia entre ambos podría haber agrandado, pues, la propia distancia entre Léo y Rémi, en el sentido de que, como se apuntó, las redes sociales son susceptibles de distorsionar la realidad, tal y como sucede con la percepción que el grupo del instituto tiene acerca del lazo que los une. Hay que añadir, por otra parte, que dichas redes fomentan el narcisismo, la importancia del autoconcepto entre las personas jóvenes, como ya había intuido Lipovetsky (2011: 57) antes del surgimiento de estas, al exponer también cómo las nuevas tecnologías de «la era del vacío» provocaban una saturación informativa que afectaba a la capacidad de atención del alumnado.

En este contexto, ¿podría hablarse de la existencia de acoso escolar? No constituye, desde luego, el tema central del filme, ni aparece una violencia explícita (como sí sucede, por ejemplo, en el filme citado de Kore-eda), pero lo que sí se detecta es una presión soterrada, una corriente de fondo que lleva a que los amigos abandonen el tipo de relación que tenían antes, para adaptarse a su nuevo entorno. El acoso, no obstante, existe en diversos niveles, que no siempre son tan obvios, sino que puede adoptar la forma de un proceso de invisibilización de una persona concreta, frente a posibles «anomalías» con las que esta transgreda la norma general (Generelo, 2009: 12). Tal y como expone este autor, en muchas ocasiones esta modalidad surge por motivos de orientación sexual o identidad de género, algo que también resaltan Bauman y Leoncini durante su conversación: una de las principales razones que provocan el «ensañamiento con un estudiante es su homosexualidad, ya sea real o supuesta» (2018: 54), además de triplicar la posibilidad de suicidio entre chicos y chicas de orientación no normativa. Resulta de interés incidir en esa «supuesta» homosexualidad, porque el filme se muestra mucho más ambiguo en este terreno de lo que era el anterior de su director, *Girl*: ninguno de los dos personajes llega a verbalizar, o al menos a plantearse la opción de identificarse con la homosexualidad, la bisexualidad o cualquier otra etiqueta. Lo que importa, en este relato, es cómo la presión psicológica, esa «suposición» por una parte de su entorno (solo el escolar, no el familiar), consigue que uno de ellos vaya cambiando su comportamiento y su manera de relacionarse, con el objetivo principal de integrarse en un grupo que le permite obtener mayor estatus jerárquico: un grupo, básicamente, masculino.

Dentro de este, Léo adquiere un grado más estrecho de pertenencia al ingresar en un equipo de hockey sobre hielo, del que Rémi será solo espectador y el propio Léo se ocupará de recordárselo con su malestar por el hecho de que vaya a verlo durante los partidos. A través de la práctica de este deporte, Léo parece llevar a cabo un «test de masculinidad» (Connell, 2005: 30) que lo aleje de las sospechas que previamente habían surgido en la clase. Es decir, sigue el camino que lo lleva hacia el ejercicio de una masculinidad más «hegemónica» (Azpiazu, 2017: 33), cuya posición debe ser peleada en el día a día. Este lugar dentro de la jerarquía social adolescente requiere, no obstante, de ciertas «cargas» (Aguado, 2019: 69): tanto estas, como algunos estereotipos asociados, pueden dañar la integridad física y/o psicológica de varones adultos y adolescentes, así como la de las personas que los rodean (Bates, 2023: 367). Tal y como apunta Bourdieu, «la virilidad tiene que ser revalidada por los otros hombres en su verdad como violencia actual o potencial» (2000: 40), lo cual se relaciona con la práctica de ritos de iniciación adolescente. Y todas estas circunstancias son las que refleja el filme, como se comprobará en el siguiente apartado.

Antes de llegar a este, conviene regresar al tópico de los espacios, puesto que aquel tipo de masculinidad también alberga lugares codificados, o bien «no-lugares», según el término de Augé (1998). La película presenta una especie de rito como los aludidos, aunque más bien inofensivo, en el vestuario del equipo de hockey, cuando Léo y sus compañeros se enzarzan en una especie de batalla de golpes con la toalla enrollada. No hay acoso en este episodio, que, con la diversión que provoca en Léo, muestra cómo se ha integrado correctamente en su nuevo grupo. El vestuario, como lugar de paso, público, impersonal, ni siquiera exclusivo de un equipo concreto, encaja en la definición que hacía Augé de los «no-lugares» y a la que también aluden Bauman y Leoncini, como «puntos de tránsito que, en lo que respecta al colectivo de jóvenes, tendría a internet como su no-lugar líquido por excelencia» (2018: 67-68). En el contexto del filme, el vestuario, aunque anónimo y asociado a esa movilidad descrita, parece jugar un papel simbólico en la evolución de Léo. Aunque se trate de una película con un tono y visión muy diferentes, se podría comparar la escena en la que el equipo se pelea con las toallas con otra de la reciente versión fílmica de *Barbie* (Gerwig, 2023), en la que todas las distintas representaciones del muñeco Ken se pelean entre sí, de un modo un tanto absurdo, lo cual viene a expresar una masculinidad ridiculizada, al nivel de una performance.

DE LA PÉRDIDA AL DUELO: SOLEDADES COMPARTIDAS

La película se divide en dos bloques diferenciados y separados por un hecho clave del relato: el suicidio de Rémi, aunque suceda fuera de plano y solo se aluda a él a través de referencias indirectas, sin mencionar nunca el propio térmno. Se produce, además, como algo súbito, sin que el personaje haya expresado con anterioridad sus intenciones de ninguna manera. Hay que indicar cómo uno de los mitos asociados al suicidio es que «si no lo dice, no lo hace» (Yanke, 2023:18); sin embargo, al igual que otros mitos, no siempre se cumple: por ejemplo, en el filme tampoco existe ninguna carta, nota o vídeo de explicación por parte de Rémi. Desde un punto de vista estadístico, el grupo social más propenso a morir por esta causa es el de los varones ancianos que viven solos (Tapia, 2023: 33), aunque ha aumentado de forma significativa esta problemática en personas adolescentes, lo cual es otra de las consecuencias post-pandémicas antes citadas. Desde el campo de la psicología y de los servicios de emergencia se alerta de que este grupo de edad ha desarrollado una «baja tolerancia a la frustración» (34) y que, en general, buscan obtener gratificaciones de forma rápida, a la manera en la que funcionan las redes sociales.

En la película, podemos observar cómo se organiza una serie de terapias de grupo para el alumnado de la clase de Léo y Rémi, con el fin de que puedan expresar sus sentimientos, pero el primero no es capaz de abrirse en ellas. Estas escenas, de todos modos, muestran cómo la institución escolar juega un papel relevante no solo a la hora de afrontar las consecuencias del suicidio, sino también en su prevención. A nivel español, las Comunidades Autónomas disponen de protocolos de actuación para este fin, así como de cursos de formación para el profesorado (Perera, 2023: 43). Es cierto que, como sucede en el filme, no siempre hay señales evidentes que seguir, por ello resulta importante la labor de toda la comunidad educativa para detectar a personas en situación de riesgo. Y una de las maneras de prevenir esta realidad es poder hablar abiertamente sobre ella: «Hablar de ellos no aumenta el riesgo, lo reduce» (43). Por ello, la comunicación en el estamento educativo es de importancia clave, tanto para intentar controlar la conducta suicida como para que, si finalmente esta llega a sus últimas consecuencias, se establezcan debates como los que presenta la película.

La segunda mitad de esta, pues, introduce un doble proceso que podría resultar paradójico: por un lado, Léo avanza en el camino del gregarismo, con sus nuevos amigos y dentro del equipo de hockey; por el otro, alberga un vacío en su interior, soledad y aislamiento, por el sentimiento de culpa que arrastra: el duelo por Rémi, que no sabe cómo asumir. Se trata de «un dolor invisible, interior» (Serrano, 2020: 191), que se irá a sumar a la vergüenza de querer confesarse ante la madre de Rémi y no saber cómo hacerlo. Esta figura materna adquiere protagonismo en el tramo final de *Close*, con su propia experiencia del duelo, paralela a la de Léo. Desde la sutilidad general de esta historia, resulta complejo expresar el dolor de una madre que pierde a un hijo o hija: existen reportajes periodísticos recientes, como los de Alsedo y Herraiz (2023: 41-43) o Simón (2024: 35-37) en los que madres y padres de adolescentes similares en edad a Rémi expresan la devastación que supone esta pérdida por suicidio, con sentimientos que oscilan entre la ira, la pena y la culpa, el no haberlo sabido ver a tiempo; sin embargo, también plantean la reivindicación de prevenir cuidando la salud integral, en un conjunto que abarque las facetas física, psíquica y social.

La madre de Rémi, tal y como se ha indicado, afronta su propio proceso de soledad y se presenta en el filme como una profesional del cuidado, trabajando en una sala de maternidad del hospital. Quizá la elección de este empleo, en el que tiene a su cargo a recién nacidos, sea un modo a través del que el director y guionista pretenda subrayar la condición maternal que ya de por sí el personaje había adquirido en la historia. A este respecto, existe una ética del *care* o cuidado, que como concepto surgió a finales del siglo pasado en textos de teóricas como Carol Gilligan, según apunta Badinter (2017: 76-77), señalando cómo el «cuidado» se entendía como «la preocupación fundamental por el bienestar de otros». En el filme, Léo se acerca progresivamente a la madre de Rémi para descargar la culpa que siente. Busca, de este modo, un consuelo, que no encontraría en los ambientes sociales masculinos antes citados, o incluso entre los hombres de su propia familia, ante la posible penalización que sufriría en su estatus por el hecho de mostrarse vulnerable. ¿Cabría imaginar que busque también el cuidado, un abrazo simbólico similar al abrazo físico en que ambos personajes se funden al final de la película? Antes de este instante, ellos se encuentran en medio de un bosque en el que se escenificará el perdón que busca Léo, dentro de un escenario natural que remite al del comienzo de la historia, pero ya no tan amable ni florido. Solos en medio de este lugar salvaje y apartado, pueden al fin compartir sus soledades, mandando un mensaje de superación, pero no de olvido.

Al realizar una suerte de equivalencia entre la madre naturaleza y la madre de Rémi, dentro de ese proceso de sanación, se corre el riesgo de caer en el esencialismo que se achacaba a la ética del «care» de Gilligan y las seguidoras de su corriente, la cual afirmaba «la superioridad moral de las mujeres en virtud de su capacidad de gestación», con «un enfoque que hace de la biología la base de todas las virtudes» (Badinter, 2017: 78). De esta manera, la identificación de la mujer con esa función reproductiva y, de forma más amplia, con el medio natural, mientras que el hombre lo haría con la cultura, forma parte de una de esas «dicotomías absolutas» a las que se refiere Osborne (1993: 57) y que han denunciado otras autoras, como Gimeno (2018: 209). El desenlace del filme, sin embargo, muestra un espacio que, más que una metáfora de lo maternal, representa volver a un aislamiento terapéutico, para que ambos personajes, que tendrán que compartir tanto el duelo como el recuerdo de su ser querido durante toda su existencia, puedan dar rienda suelta a todos los sentimientos acumulados, sin preocuparse de miradas ajenas ni del juicio de la sociedad. La historia queda cerrada y, al mismo tiempo, abierta a imaginar cómo podría evolucionar a partir de ese punto: como puede comprobarse en los reportajes de historias verídicas presentados en este apartado, la superación de una pérdida así nunca es un proceso definitivo, pero *Close*, dentro de la dureza de los hechos que muestra, al menos finaliza con una visión esperanzada sobre los supervivientes a tan trágico acontecimiento.

CONCLUSIONES

Tal y como ha podido comprobarse a lo largo de este análisis, *Close* presenta distintos modos de reflejar la soledad y lo hace a través de una sutilidad sostenida a lo largo de todo el relato. No obstante, como ha señalado alguna crítica cinematográfica, «deja cierto poso de manipulación emocional» (Iglesias, 2022: 18). Sin grandes dramatismos, ni escenas melodramáticas que puedan seguir lo que suele considerarse como estética de telefilme, la película sí parece manipular al público a través del empleo que hace de sus personajes: ¿y si, en la línea que apunta la dirección de la citada crítica, el de Rémi se acabara desdibujando, como un mero pretexto para que avance el conflicto interior de Léo? Haciendo un ejercicio de ficción a partir de esta ficción, consideramos que la historia podría haberse enriquecido si Rémi, en su papel de verdadero punto discordante dentro del ambiente escolar, hubiese obtenido un mayor grado de desarrollo en la trama. El director y guionista deja en el aire los motivos de su suicidio, si bien aporta detalles que cada espectador podría interpretar según le pareciera. Más allá de su desaparición, como detonante de la tragedia, el personaje ostenta una entidad propia, complementaria a la de Léo y, probablemente, una mayor complejidad.

Al margen de esta consideración, el filme refleja las distintas caras de la soledad, que se entrecruzan para recordarnos lo mucho que se puede prevenir todavía para evitar situaciones como la reflejada en la historia: esta resulta de interés al mostrar cómo la soledad, aquella que no es deseada y que se considera un verdadero problema en la sociedad actual, va más allá de los espacios físicos y de todos los estereotipos asociados. El pretendido edén del comienzo es uno en el que los dos amigos gozan de un aislamiento que los protege, así como la soledad y la privacidad de sus propias habitaciones (el ambiente familiar, por el contrario a otros filmes, aparece como un ambiente seguro). La inclusión del centro escolar expone, después, los precios que hay que pagar por el gregarismo y cómo, al modo que indican algunas de las voces teóricas citadas, una de las peores soledades es la que se siente en compañía de un grupo que solo inspira rechazo. El silencio, el tabú sobre el suicidio también puede incrementar la soledad de aquellas personas que no se atreven a expresarlo como solución: esta película, además de su evidente valor artístico, bien podría ser utilizada con fines didácticos en aulas como las que refleja, para originar debates susceptibles de salvar vidas.

BIBLIOGRAFÍA

Aguado, T. (2019). *Sexualidades disidentes: un acercamiento fílmico desde la prostitución y la pornografía*. Nueva York: Editorial Dykinson.

Alsedo, Q. y Herraiz, P. (26 de mayo de 2023). Todo falló en el suicidio de Rodrigo. *El Mundo*.

Anzaldúa, G. (2007). La Conciencia de la Mestiza: Toward a New Consciousness. En E.B. Freedman (ed.), *The Essential Feminist Reader* (pp. 385-390). Londres: Modern Library Trade Paperback Edition.

Augé, M. (1998). *Los no lugares. Espacios del anonimato.* Barcelona: Editorial Gedisa.

Azpiazu, J. (2017). *Masculinidades y feminismo.* Barcelona: Virus.

Badinter, E. (2017). *La mujer y la madre.* Madrid: La Esfera de los Libros.

Balluerka Lasa, N., Gómez Benito, J., Hidalgo Montesinos, M.D., Gorostiaga Manterola, A., Espada Sánchez, J.P., Padilla García, J.L. y Santed Germán, M.A. (2020). *Las consecuencias psicológicas de la COVID-19 y el confinamiento.* Bilbao: Servicio de Publicaciones de la Universidad del País Vasco.

Bates, L. (2023). *Los hombres que odian a las mujeres.* Madrid: Capitán Swing.

Baumant, Z. y Leoncini, T. (2018). *Generación líquida.* Barcelona: Paidós.

Bound Alberti, F. (2022). *Una biografía de la soledad.* Madrid: Alianza Editorial.

Bourdieu, P. (2000). *La dominación masculina.* Barcelona: Anagrama.

Connell, R. (2005). *Masculinities.* Londres: Polity Press.

Del Palacio, G. (12 de junio de 2023). No solucionar el problema de la soledad le cuesta a España 14.100 millones al año. *El Mundo.*

Fonseca, V. (2019). Selfie: tecnología del yo en el capitalismo tardío y el nuevo malestar de la cultura. *Revista Inclusiones, 6,* 17-38.

Generelo, J. (2009). Prólogo. En J. I. Pichardo Galán (ed.), *Adolescentes ante la diversidad sexual. Homofobia en los centros educativos* (pp. 11-14). Madrid: Los Libros de la Catarata.

Gimeno, B. (2018). *La lactancia materna: Política e identidad.* Madrid: Cátedra.

Iber, L. (2022). Transfeminine Embodiment in the Films of Sébastien Lifshitz and Lukas Dhont. En R. Chareyron (ed.), *Trans Identities in the French Media. Representation, Visibility, Recognition* (pp. 123-140). Lanham: Lexington Books.

Iglesias, E. (Noviembre de 2022) Crítica de *Close*. *Fotogramas*.

Lipovetsky, G. (2011). *La era del vacío*. Barcelona: Anagrama.

Osborne, R. (1993). *La construcción sexual de la realidad*. Madrid: Cátedra.

Perera, Y. (11 de junio de 2023). Suicidio en las aulas: «Profe, no estoy bien». *El Mundo*.

Preciado, P. (2009). *Terror anal*. Barcelona: Melusina.

Ríos, P.C. y Londoño, N.H. (2013). Percepción de la soledad en la mujer. *El Ágora USB, 12*(1), 143-164.

Simón, P. (7 de febrero de 2024). Vida y muerte de Kira. *El Mundo*.

Serrano, R. (2020). *No estamos tan bien*. Barcelona: Planeta.

Tapia, C. (10 de septiembre de 2023). El suicidio: síntoma de un fracaso biosocial. *Diario de León*.

Torices, A. (9 de febrero de 2024). La soledad no deseada atrapa a uno de cada cuatro jóvenes españoles. *Diario de León*.

Yanke, R. (11 de agosto de 2023). Persisten ideas trasnochadas y obsoletas en torno al suicidio. *El Mundo*.

Zafra, R. (2021). *Frágiles*. Barcelona: Anagrama.

FILMOGRAFÍA

Gerwig, G. *Barbie* (2023).

Dhont, L. *Close* (2022).

Dhont, L. *Girl* (2018).

Kore-eda, H. *Monstruo* (2023).

Sciamma, C. *Portrait de la jeune fille en feu* (*Retrato de una mujer en llamas*, 2019).

Sciamma, C. *Tomboy* (2011).

Kechiche, A. *La vie d'Adèle* (*La vida de Adèle*, 2013).

Desde su ventana imaginó un mundo
Ángeles Santos, la soledad y pérdida de la ilusión

Ana Isabel Guzmán Morales
Universidad de Granada

> Mi alma será un rascacielos, con un enorme
> ascensor en el centro. Y sabré llenar ese edificio
> y hacerlo vivir, y yo seré mi mundo.
>
> Ángeles Santos, *Crónica* (23/11/1930).

Ángeles Santos era muy joven y muy «hecha» para la vida «hacia dentro» cuando despertó la admiración de toda la vanguardia española. Vivía con las intensas emociones de la juventud a flor de piel y los deseos de conocer el mundo más allá del hogar contenidos entre los muros de una casa vallisoletana. Así transcurría la vida de Santos, lejos de los excelsos circuitos artísticos y del bullicio de las grandes capitales. Mientras muchas artistas de su generación veían cumplido el sueño de viajar a Madrid, ser pioneras en aquello de estudiar arte lejos de casa y vivir sin tanta vigilancia paterna, Ángeles Santos continuaba en un ambiente conservador y familiar. La vida provinciana, aunque tenía sus nichos de modernidad, en el caso de Valladolid, la mantenía prácticamente ajena al frenético movimiento cultural que se estaba dando entonces en los círculos madrileños y, desde luego, a establecer relaciones con sus hacedores. Igualmente, el excesivo reparo en permitirle libertades por parte de su entorno familiar, influyó en su carácter tímido y tendente al aislamiento. Cuando su nombre saltó a las páginas de la prensa en 1929, recibió una gran atención y se pusieron en ella unas altas expectativas. Había logrado sorprender y remover la escena cultural, hubo diversas y numerosas opiniones pero, en términos generales, podemos hablar de un primer gran éxito; sin embargo, también se generó una fricción. Dos maneras de existir, lo privado y lo público; el eterno problema femenino se hizo evidente con todas sus consecuencias. ¿Cómo podría vivir encerrada entre esas paredes después de imaginar *Un mundo*?

Ángeles Santos fue una artista que adquirió una gran notoriedad precozmente, cuya obra y circunstancias vitales la convierten en un caso de estudio muy interesante. Trabajó la pintura, fundamentalmente, aunque también realizó algunas ilustraciones que llegaron a publicarse en revistas.

INFANCIA DE BLANCOR SOBREHUMANO

Nació en Cataluña, pero, al igual que ocurrió con su contemporánea Maruja Mallo, su padre tenía un empleo que obligaba a la familia a migrar de un lugar a otro cada cierto tiempo. Rafael Santos era inspector de aduanas propició que, pese a haber formado una familia bastante conservadora, sus hijos tuvieran una visión del mundo más amplia. Eran una familia numerosa que vivió en muchos sitios, como Sevilla o Valladolid, donde se trasladaron el 1927; un lugar muy significativo en su obra.

Las primeras influencias artísticas llegaron durante su juventud en Port-Bou, en la frontera de Cataluña con Francia. A sus manos llegaban revistas ilustradas y de arte que provenían del país galo, lo que la hizo conocedora de las últimas tendencias en Europa. Empezó a interesarle la pintura y en plena adolescencia, con 16 años, comenzó a pintar su entorno más cercano, probando soluciones cercanas a la nueva objetividad. Como muchos otros artistas contemporáneos a ella, hay un interés por lo cercano y tradicional en clave vanguardista, acercándose a esta nueva estética de manera tímida, pues eran sus primeras pinturas. Si bien es cierto que, más allá de una tendencia en boga, era la realidad en la que vivía inmersa la joven principiante. Es el caso de *La tía Marieta* (1928), entre otros cuadros (Fig.1).

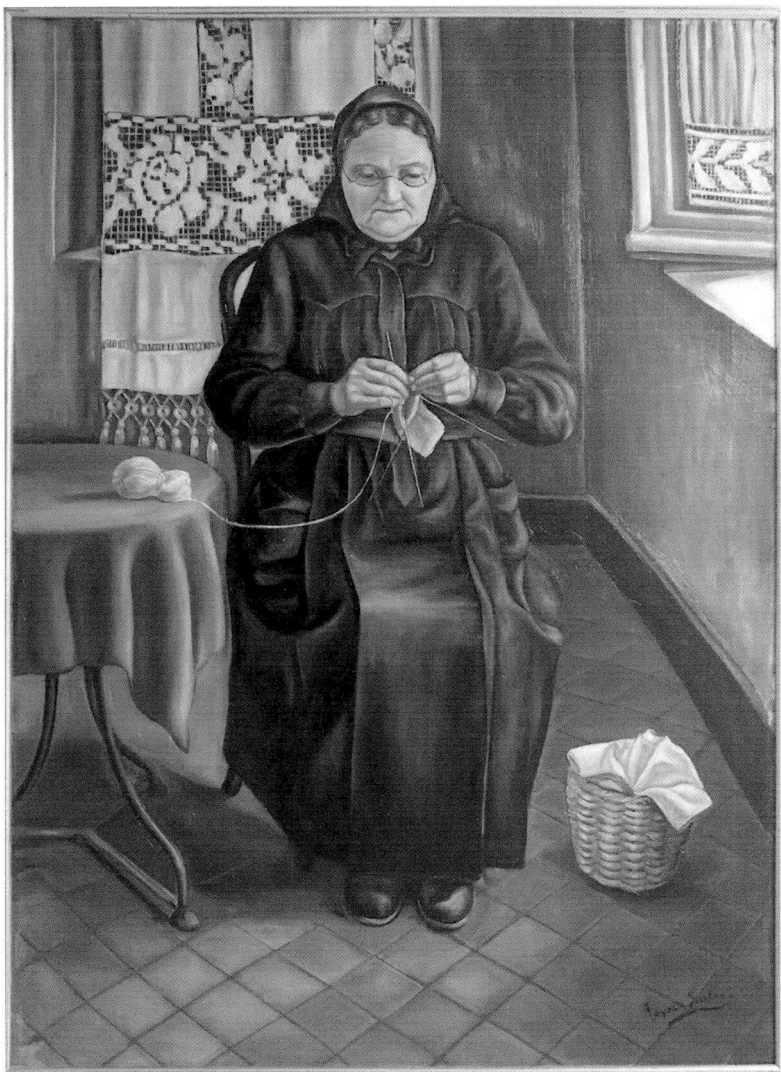

Fig.1: *La tía Marieta* (1928), Ángeles Santos. Óleo sobre lienzo. Colección Julián Grau Santos.

La familia Santos se preocupó de brindar a su hija una educación adecuada, aunque bastante tradicional. Como sucedía con las niñas pertenecientes a familias numerosas y de posición económica intermedia, estuvo interna en un colegio. Revisando algunos escritos en relación a esa época, comprobamos que su estancia con las Esclavas Concepcionistas del Divino Corazón tuvo cierta repercusión en la estética de su obra y en la gestación de su carácter solitario: «Ángeles hablaba de sus largos internados en colegios de monjas, donde se sintió abandonada en patios de blancor sobrehumano» (Jarque, 2003). Al comienzo de sus andanzas artísticas no se preocupaba demasiado por sus cuadros; de hecho, a veces los perdía según ha contado en ocasiones la artista. Sin embargo, su padre percibió el talento que su hija estaba desarrollando y decidió que sería buena idea proporcionarle un maestro, para que el aprendizaje fuera más preciso y disciplinado. En Valladolid comenzó a tomar clases de la mano de un profesor italiano, Cellini Perroti, a la par que continuaba educándose con las Dominicas Francesas. En 1928 tuvo lugar su primera exposición en la Academia de Bellas Artes de Valladolid, incentivada por las buenas opiniones que estaba recibiendo su trabajo. De esa exposición colectiva obtuvo muy buenas críticas y un premio (Anónimo, 1928: 3).

Esta buena acogida hizo que la familia se planteara que Santos dirigiera todos sus esfuerzos en estudiar arte. Además comenzó a frecuentar los círculos intelectuales vallisoletanos. Pese a que solo había tenido contacto con los estilos internacionales de vanguardistas a través de revistas, la crítica la relacionó rápidamente con el expresionismo, surrealismo, cubismo y la nueva objetividad. Todo esto hizo que su mente inquieta, que siempre había estado bastante recogida y en soledad, tuviera deseos de volar más allá de las fronteras de Valladolid. Sin embargo, la propia Santos asegura que siempre fue una persona de talante solitario: «Siempre he sido una persona muy solitaria. Mis primeros paisajes los pintaba sin salir de casa, sin ver a nadie» (Vernet, 1999: 181). (Fig.2)

Pese a los reparos que pudieran existir en cuanto a abrirse camino más allá de su entorno, no tardó en desvelar su obra más emblemática en el Salón de Otoño del año siguiente, que se celebró en el Palacio del

Buen Retiro. Junto a ella exponían otras artistas, que se iban sumando cada vez en mayor número a estas convocatorias. Allí fue presentado *Un mundo*, que supuso toda una revolución y una revelación. Santos apareció en el escenario vanguardista como una prometedora y desconocida artista que, tan joven, había logrado sorprender a las figuras más respetadas del orbe intelectual. Tal fue su éxito, que inmediatamente, en octubre de 1929, el Lyceum Club acogió una exposición monográfica de la artista que estuvo abierta a la par que el Salón de Otoño (Anónimo, 1929: 1).

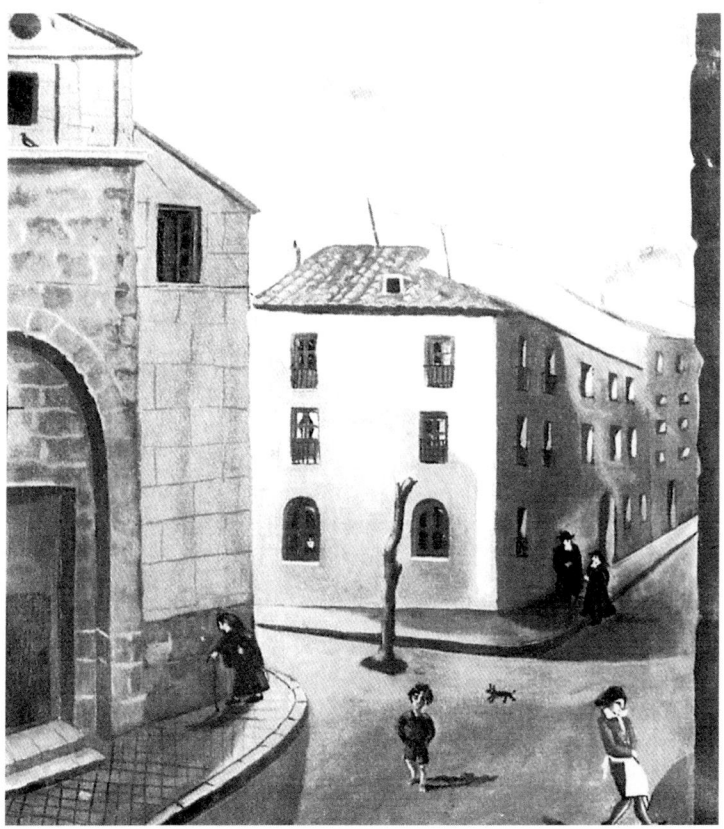

Fig. 2: *Calle de Valladolid* (1929), Ángeles Santos. Óleo sobre lienzo. Colección particular.

IMAGINAR *UN MUNDO:* DESDE LO PEQUEÑO HASTA EL INFINITO

Parte del enigma que nos fascina de *Un mundo* (Fig. 3) son las circunstancias en las que la artista desarrolla la obra: su reducida experiencia vital y social, acrecentada por el entorno escolar y familiar conservador. También la ausencia de contacto directo con la vida y el arte modernos, aunque no hay que desdeñar el papel que las revistas de arte que consumía desde la infancia tuvieron en su educación. El misterio del cuadro residía en la audacia de contar lo inefable a través de lo anecdótico, lo mundano y el humor; lo que hizo correr ríos de tinta fue, seguramente, la valentía inconsciente de Santos, que manifestó todo aquello que ella pensaba que configuraba el universo valiéndose de su imaginación y de lo poco que podía conocer del mundo, en muchos casos a través de la literatura y la prensa.

Debido a la intensidad con la que se había vivido la Primera Edad de Oro de la ilustración en Europa, y que en España vivió su mejor momento en las tres primeras décadas del siglo XX, no era de extrañar que esta forma de expresión artística tuviera una gran repercusión en las nuevas tendencias artísticas. Incluyendo las referencias al humor gráfico y el cómic que inspiraron a muchos artistas, como Picasso. De hecho, en una pequeña entrevista que le hicieron con motivo de aquella exposición, nombró a Lola Anglada como uno de sus referentes (De Somacarrera, 1929: 3). Este tipo de productos culturales tuvieron una gran influencia en dicha obra.

Un mundo es una pintura muy cercana al arte de la ilustración: poblada con diminutos detalles en los que es necesario detenerse y una fuerte presencia de lo episódico. Es una realidad compuesta por escenas particulares, algunas escondidas como secretos en rincones de la tela, que van revelando justamente eso: que la gran existencia se compone de todos esos pequeños elementos que la constituyen. Una obra tremendamente original, a modo de *collage* de pequeñas historias que crean un gran mundo. En él también tiene lugar lo mágico y lo extraterrestre, ya que como ella misma indicó en alguna ocasión, se estaba comenzando a hablar mucho sobre la conquista del espacio y eso le causó bastante impresión: «Sólo me serví de alguna idea de la poesía y

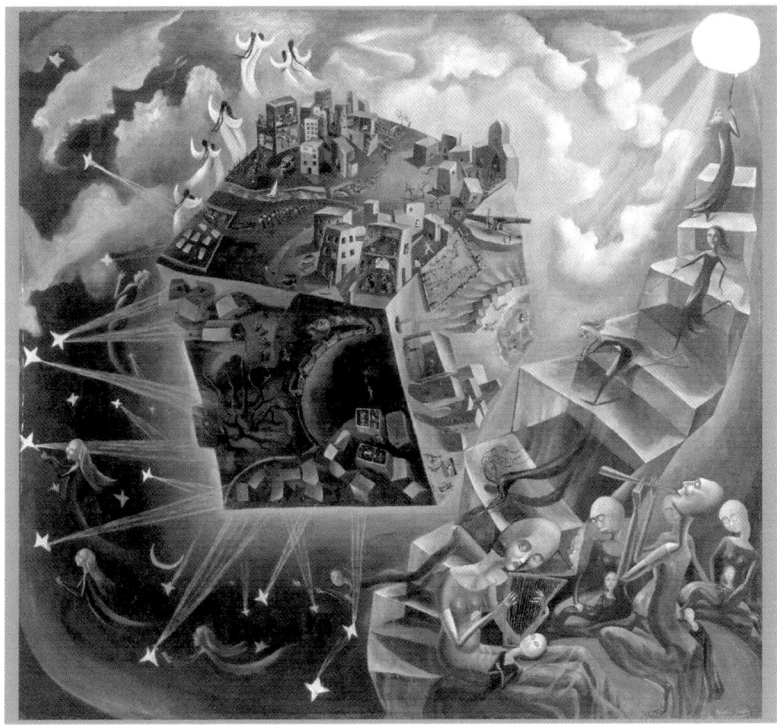

Fig. 3: *Un mundo* (1929), Ángeles Santos. Óleo sobre lienzo. Museo Nacional de Arte Reina Sofía.

de las noticias del planeta Marte» (Vernet, 1999: 185). La posibilidad de que existieran seres de otro planeta estaba vinculado con lo trascendental inserto en la realidad, aunque se nos escape muchas veces en el día a día. Lo supraterrenal tiene en el mundo de Santos un peso importante, en su concepción más espiritual y emocional. Gómez de la Serna escribió sobre el encuentro con ésta obra: «Mira esta niña hacia horizontes que no vemos. [...] Por ese lienzo de pared hemos visto un camino de salida de poesía, como si cuajase en esta niña esa mayor inquietud de la pintura y del abismo» (Gómez de la Serna, 1929: 1). Tal vez solo Santos viera esos horizontes, o los percibiera de ese modo particular, porque los observaba desde su habitación en Valladolid.

Ella estaba lejos de las tertulias y cafés, de las calles y las fiestas madrileñas. Las revistas, los libros y su imaginación servían de catalejo para avistar lugares desconocidos; la artista los veía entre la realidad y la ficción, en el silencio de quien vive en retiro y soledad. En ese mundo está lo que ella conocía y lo que deseaba conocer; que tenía que imaginar y componer con pedacitos de noticias, literatura y anécdotas. De la ilustración gráfica también recogió cierto sentido del humor y la presencia de lo inesperado, que forma parte de la vida y también compone el universo. Ella lo supo presentar con un refinamiento y una sensibilidad sorprendentes para alguien de tan breve experiencia. Algunos críticos supieron apreciarlo:

> Hay que subrayar el fenómeno. El feminismo artístico acaso nos reserve alguna grata sorpresa. Señalemos en primer lugar el envío de Ángeles Santos. Sus obras son el único grito atrevido en la pacata corrección del Salón de Otoño. Su poema—lo llamaremos así—«Un mundo», es la única obra que refleja ese sentido humorístico lindante con lo grotesco y la caricatura, que es uno de los aspectos del arte de hoy. Aquello está visto con gracia y con intención, pero sobre todo con ojos de pintor (La Fuente, 1929: 3).

Esta inclusión de lo fantástico y misterioso, mezclado con lo anecdótico y cotidiano en la temática de su obra, se alinea no sólo formalmente con el surrealismo, sino que también lo hace intelectualmente. Es una obra de una coherencia estética admirable, que evidencia la importante influencia por la traducción que la Revista Occidente hizo sobre *Realismo mágico* de Franz Roh, que incluía ilustraciones de los grandes exponentes de la vanguardia de aquel momento, para justificar la teoría que en él se exponía. Al contrario de lo que algunas propuestas surrealistas harían, presentando lo extraño vinculado a lo irónico, Santos optaría por unirlo a lo espiritual.

Trenes y aviones, relacionados con una vida en movimiento, con estar aquí y allí. Las vidas íntimas de los protagonistas anónimos en sus casas son vistas por nosotros como si fuéramos seres omnipresentes: partidos de fútbol, un café, un teatro… pedacitos de realidad que crean el gran universo. Todo esto está junto a esa esfera de la ilusión, con las damas que recogen el sol para iluminar las estrellas del cielo. Lo desconcertante y la posibilidad de lo imposible, con esos personajes particularmente extraordinarios; seres de otro mundo. Sin duda sus intereses eran muy diversos y provenían de las lecturas que llegaban a sus manos, de los periódicos y revistas que eran su ventana al mundo.

LA NOTORIEDAD EN FRÁGIL EQUILIBRIO CON EL AISLAMIENTO

La llegada de Ángeles Santos a Madrid no podría haber sido más exitosa. Aprovechando la ocasión, la artista visitó el Café Pombo, conoció a los artífices de la modernidad cultural española y disfrutó de las mieles del triunfo. Su obra fue reproducida en las revistas y periódicos de toda España innumerables veces a lo largo de aquel otoño.

La fama que le reportó este cuadro propició que el año siguiente, en el Salón de Otoño de nuevo, se cediera una sala sólo para ella, en la que se expusieron 33 cuadros. Los honores y las propuestas de futuras exposiciones se iban sucediendo, pero esto convivía con el hecho de que la vida de Ángeles Santos estaba fuertemente marcada por lo privado y familiar, en una existencia casi de enclaustramiento según algunas fuentes. Era una joven que, como la mayoría, vivía de puertas adentro bajo la tutela de sus padres. Esta situación de aislamiento de los núcleos intelectuales, y su nuevo estatus de celebridad, provocó un verdadero peregrinaje de muchos intelectuales que viajaron a Valladolid para visitarla en su propia casa y poder conocerla. Si bien es cierto que viajó a Madrid a visitar los grandes museos y tomar contacto con la vanguardia artística, siempre fue acompañada de su padre. Esto, sin duda, le restaba la autonomía que otras artistas disfrutaron y su presencia en dichos círculos fue anecdótica (Parasols y Santos, 2010: 23). Pese a que Valladolid contó con algunas conexiones intelectuales con la capital y hubo reductos de modernidad, lo cierto es que el contexto vallisoletano era bastante conservador y religioso. Si bien tuvo relación con algunas artistas coetáneas, como Nora Borges o Rosario de Velasco, en general sus relaciones sociales fueron bastante comedidas. Era verdaderamente una situación de fuerte contraste.

Sin embargo, Santos tuvo otros recursos que la llevaron a conocer el mundo exterior, aunque no fueran experiencias personales. También deseó retratar a la mujer moderna, pese a no llevar la vida social frenética que se le presuponía a las modernas que habitaban las grandes capitales. La pintura *La tertulia* (1929) (Fig. 4), muy en línea con la Nueva Objetividad, fue inicialmente titulada por la artista como *Cabaret*, un lugar recurrente en las obras del estilo[1]. Muestra a mujeres modernas, que fuman y comparten el espacio, aunque sus posturas y actitudes no invitan a pensar en el diálogo. Más bien sugieren incomunicación y soledad.

Hay algo en sus miradas, en sus posturas, que transmite incomodidad. Las cuatro modernas de Santos no están a gusto ni con su presente ni muy probablemente con el destino que les espera (Balló, 2018: 67).

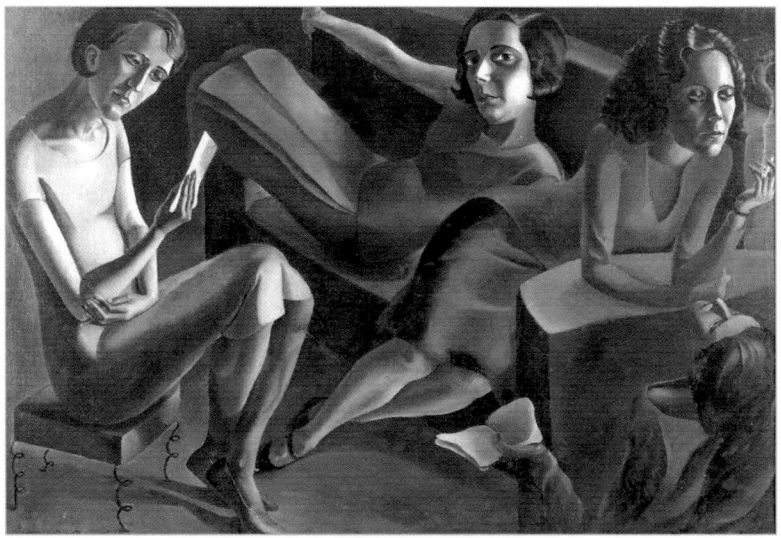

Fig. 4: *La tertulia* (1929), Ángeles Santos. Óleo sobre lienzo. Museo Nacional de Arte Reina Sofía.

1. Fue habitual que la propia Ángeles Santos retitulara sus obras.

La sensación que produce la composición y la realidad bifurcada que estaba viviendo Santos tenían bastante relación. Estar tan presente en la vida pública y en la actualidad cultural por medio de la prensa, y a la vez continuar en aquel recinto sellado en el que se preservaban las costumbres y no traspasaba ni el bullicio ni se vulneraba el honor. Ramón Gómez de la Serna, uno de los termómetros de la modernidad y el gusto vanguardista, rápidamente vio en ella el talento y la potencia de sus pinturas. Fascinado por su obra, comenzaron una intensa relación epistolar y el escritor fue a visitarla a Valladolid antes de marchar a París de viaje. No sólo hablaban esas cartas de sus inquietudes intelectuales, también la artista abrió su corazón y alguna vez le expresó cierto malestar propiciado por su situación y sus deseos de libertad (Gómez de la Serna, 1930: 1-2).

SE ROMPIÓ EL EQUILIBRIO: EL DESEO ARROJARSE POR LOS «BALCONES DE LA LIBERTAD»

No mucho tiempo después, el 1 de abril de 1930, *La Gaceta Literaria* publicaba un titular en primera página que rezaba: «La genial pintora Ángeles Santos, incomunicada en un Sanatorio». Era un largo artículo firmado por Ramón Gómez de la Serna que, preocupado por las últimas noticias de su admirada amiga, exponía al mundo de la cultura sus terribles circunstancias.

Previamente al intercambio de estas últimas misivas, según cuenta Gómez de la Serna en su artículo, Santos le confesó durante sus paseos por Valladolid que se ahogaba en ese ambiente y que el sentimiento de soledad y abandono existía desde su infancia en el colegio de monjas. Siempre estuvo ahí.

—¿Ve usted?—me dijo, mostrándome unas tapias muy altas de un colegio de Valladolid—. Pues ahí he estado varios años... Un día me descolgué a la calle con otra niña (Gómez de la Serna, 1930: 1).

Tras aquella visita continuaron su habitual correspondencia, y estando Gómez de la Serna en París, las cartas de la pintora comenzaron a resultarles verdaderamente preocupantes respecto a su salud mental. Se la percibía enjaulada en un mundo pequeño, muy lejos de aquel universo maravilloso que pintó, en el que la realidad y la fantasía explotaban al unísono. Las preocupaciones no parecieron ir a mejor e hicieron que se dieran algunos sucesos, que pusieron en entredicho su estabilidad emocional (Balló, 2016: 138). Este tipo de episodios agravaban aún más la situación de muchas mujeres, que por consejo médico acababan llevando una vida de contadas libertades, tutorizadas por sus parientes, como si fueran niñas.

Como otras artistas coetáneas, existía un pesar por habitar un lugar pequeño y provinciano, puesto que les resultaba incapacitante en relación a quienes provenían de ambientes más cosmopolitas. Esto ocurrió incluso con aquellas que tuvieron mayor libertad e incluso viajaron solas frecuentemente, como en el caso de Delhy Tejero. No es difícil imaginar que tras visitar fugazmente Madrid y ver todo lo que ofrecía esa vida viviera la experiencia como una profunda confrontación.

> ¡Qué vida puede haber en un grupo de casas rodeado de campos secos, por los que pasan de largo los trenes! Sus muñecos negros comienzan a caminar sin prisa por las calles cuando es media mañana, y unos venden telas y otros latitas de conserva, ¡Si sigo aquí seguiré siendo un ser de la primera época del mundo! […]
> Estoy medio dormida. Por una puertecita oscura va a pasar mi alma blanca en busca del sueño, donde todo sucede sin tener que andar con el cuerpo de un lado a otro por las calles y las casas. Se viaja, se va en aeroplano, en barco; se saltan balcones (Gómez de la Serna, 1930: 2).

Su familia, y particularmente su padre, se sentían muy preocupados por el creciente interés de la joven artista por el mundo de la imaginación, por la exaltación de los sentimientos y la necesidad de trasgredir los límites de su pequeño mundo. Esta estresante situación se vivió en muchas familias, que temían que sus hijas hubieran perdido la razón o que acabaran en situaciones comprometidas, «desgraciándose». La propia artista declaró en alguna entrevista que en aquella época no tenía en cuenta ni siquiera su aspecto, sólo deseaba pintar. Era un modo de escapar de esa soledad, de las restricciones;

era un espacio de libertad y comunicación. Algunos calificaron este periodo de constante e intenso trabajo frente al lienzo de una época de rebeldía e inadaptación, en la que la artista pintaba frenéticamente (Parassols y Sants, 2010: 138) (Fig. 5). Pero la pintura no bastaba y finalmente las circunstancias llegaron a un punto insostenible.

> Esta tarde me marcho a un largo paseo... Me bañaré en un río con los vestidos puestos —¡qué contenta estoy de dejar, por fin, el baño civilizado en bañeras blancas!—, y después me iré por el campo, huyendo de que me quieran convertir en un animal casero (Gómez de la Serna, 1930: 2).

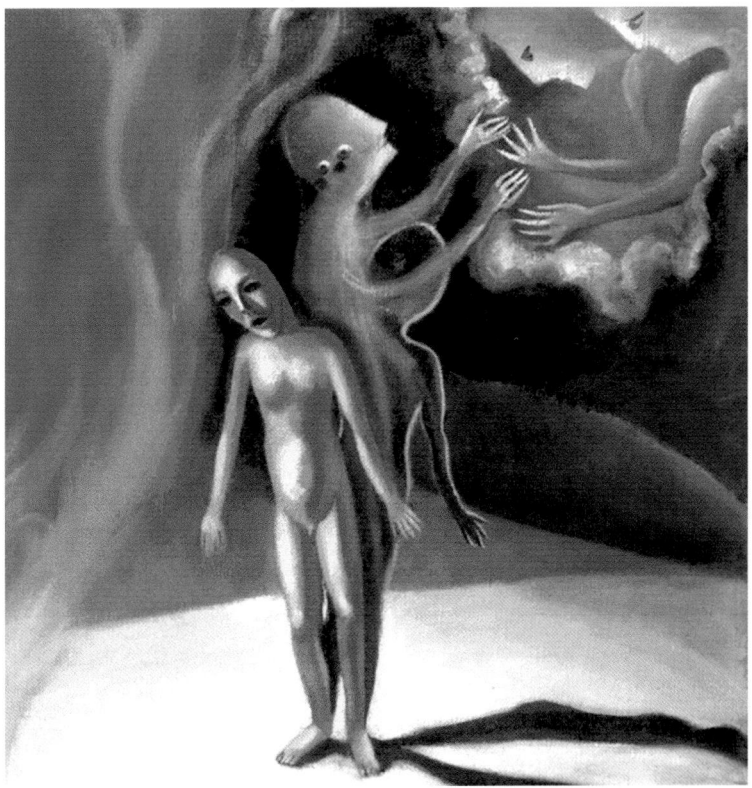

Fig. 5: *Sueño (Alma que huye de un sueño)* (1929), Ángeles Santos. Óleo sobre lienzo. Colección particular.

Tras una escapada al campo, tal y como le relata en una carta a Ramón Gómez de la Serna, estuvo desaparecida durante un día. Esto sirvió de justificación a su familia para internarla en una institución mental. Como mencionábamos, no era un hecho aislado, pues conocemos casos de artistas que se vieron sometidas primero a una gran constricción en su comportamiento y una coerción de sus pocas, ya muy limitadas, libertades. Esto acababa llevándolas a una crisis de nervios inevitablemente, para luego internarlas en algún sanatorio donde rara vez recibían los cuidados adecuados y nunca un diagnóstico correcto. Estas vivencias hicieron que muchas de ellas malograran su talento y sus vidas. En el caso de Santos, su estilo y actitud cambiaron decididamente tras pasar una temporada en un sanatorio de Madrid.

Es inevitable remitir al magnífico cuento de Charlotte Perkins Gilman, *El papel pintado amarillo*, y a la propia experiencia personal de su autor. No es el único caso de mujeres creativas, con grandes inquietudes que, viéndose reducidas por su entorno familiar y social, acaban experimentando grandes crisis. Muchas veces la solución era internarlas y alejarlas de aquello que supuestamente las alteraba: literatura, pintura, etc., ya que si se ocuparan de los asuntos preferentes para las mujeres, muy posiblemente, no se encontrarían enfermas.

Únicamente estuvo recluida un mes y medio, pero fue suficiente para que la experiencia la marcara para siempre. La vida de Santos se vio reducida solo a lo pequeño e íntimo, algo que de algún modo se ve reflejado en su pintura posterior. Además, tardó en coger de nuevo los pinceles. Una vez lo hizo, dejó atrás sus composiciones de maravillosa fantasía y se centró en pintar «con la realidad» (Balló, 2016: 139). Abrazó un estilo más convencional, que nada tenía que ver con esas imágenes de desbordante creatividad. De hecho, rompe con lo anterior hasta el punto de que reutiliza lienzos y destruye documentos y fotografías. Santos nunca tuvo palabras de resentimiento hacia su familia, sin embargo Ramón Gómez de la Serna se pronunció con duras palabras al respecto:

> El rigor de los padres juega con verdaderas guillotinas.
> La responsabilidad es extraordinaria si el recluido es un ser al que ya le venía pequeño el mundo; un artista que volaba, y para el

que ni el vuelo le era suficiente; un alma que se sentía esclava aun en el mundo libre (Gómez de la Serna, 1930: 2).

DESPUÉS DEL SALTO: UNA VISIÓN DEL MUNDO POCO AMENA Y CONFORTABLE

El año 1930 fue su cataclismo, mientras que sus pinturas seguían exponiéndose en muestras colectivas y se publicaban ilustraciones suyas hechas con anterioridad en algunas revistas. Las obras que hizo inmediatamente antes de su reclusión estaban a disposición del público y la crítica, que no siempre fueron amables (Fig. 6):

Fig. 6: *Niña durmiendo* (1929), Ángeles Santos. Óleo sobre lienzo. Colección R. y M. Santos Torroella.

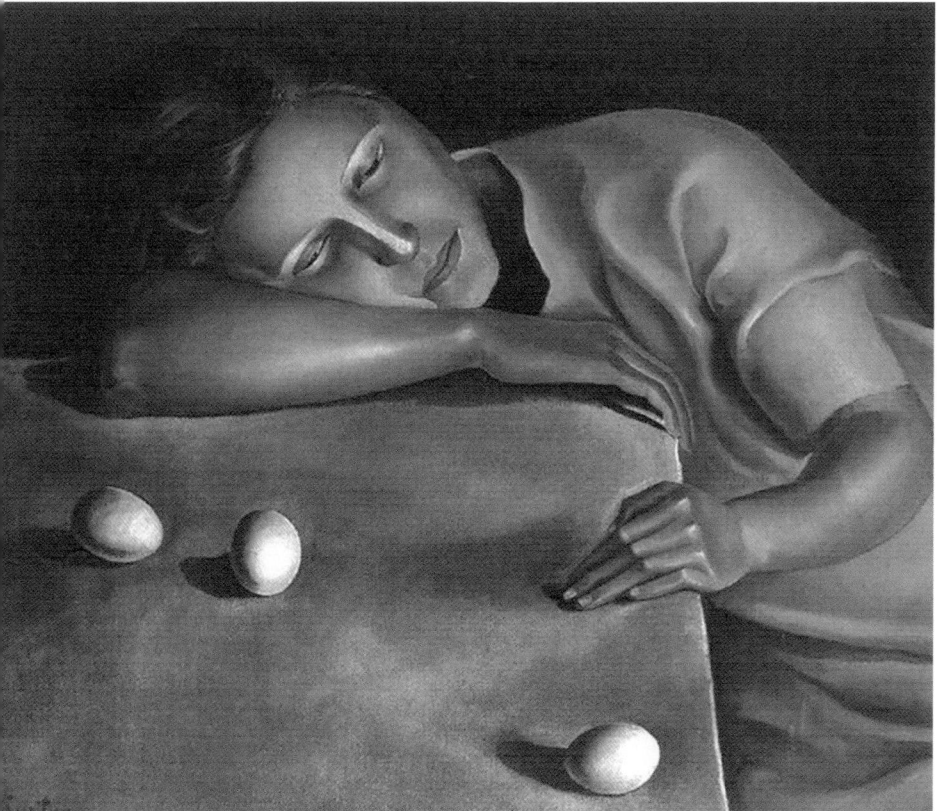

Ángeles Santos, con su cuadro *Entredormida*, nos ha hecho pasar un mal rato; nuestro corazón sensible se ha sentido dolorido y apenado de ver el engendro llevado a la tela por esta pintora (RMB, 1930: 15).

Incluso hubo alusiones a su salud mental en las crónicas de exposiciones. Un estigma entonces y aún hoy. Las mismas voces que un año antes la habían ensalzado a lo más alto del arte contemporáneo ponían ahora en entre dicho su capacidad creativa y cualquier detalle era susceptible de relacionarse con su frágil estado. La noticia de *La Gaceta Literaria*, que Gómez de la Serna probablemente lanzara con ánimo de ayudar a su amiga, sirvió para que la opinión popular se tornase hostil y Ángeles Santos fuese vista como una demente. Algunas de las reseñas del Salón de Otoño de ese mismo año aluden a su desequilibrio mental y, donde antes veían comicidad e inocencia, ahora reconocían violencia y dramatismo.

Invitada este año a exponer una obra de conjunto, presenta 30 cuadros de géneros diversos, de maneras y propósitos muy varios. El caso de esta joven, visto así, no deja lugar a dudas; cuando quiere pintar a lo académico—quiere, por fortuna, muy poco—no acierta ni en lo uno ni en lo otro: ni en la corrección de lo académico, ni en la fuerza personal, que es en ella lo auténtico y lo fuerte. En cambio, cuando pinta dejándose llevar de su capricho, bordea la demencia, incurre en extravagancia, no sabe bien adónde va ni sabe, tal vez, lo que quiere (ha tenido esta muchacha en estos años pasados algunas perturbaciones), pero la obra se produce en estos casos con una fuerza en la pintura y una profundidad en la expresión, que sólo puede ser calificada de "genial", si queremos encontrar el término adecuado (Abril, 1930: 526).

Críticas de todo tipo, sin duda influidas por estos hechos, alzaban la voz para enjuiciar la obra y, de paso, el estado mental de la artista. Se señalaron los motivos que pudieron malograr un espíritu artístico puro como el suyo; para algunos la causa de todo su mal estaba en haber abrazado tendencias demasiado modernas (Domínguez, 1930: 24). Otros que seguían apreciando su obra vieron en sus problemas emocionales un síntoma de genialidad; ahí estaba la explicación a una obra tan impresionante y cautivadora.

> Pintura patológica, señor mío. No son teorías estéticas lo que es
> preciso invocar ahora, sino científicas. Con toda clase de respetos á
> la señorita Santos y acaso como un elogio—por como el genio es
> en el fondo un desequilibrio que para sí quisieran los millones de
> equilibrados del siglo XIX y el escaso millón y medio de equilibrados
> que resta al mundo de 1930 (Francés, 1930: 38).

Quisieron enmarcar estas obras en una nueva etapa, un periodo
en el que algunos han visto el reflejo de la dicotomía entre su vida
anterior y la actual, de encontrarse a sí misma tras la crisis (Fig. 7).
El cambio que hubo en la crítica es del todo evidente y posiblemente ayudó a que la artista se aislase aún más. Juan de la Encina
comentó en sus impresiones ante la nueva exposición: «¿Qué alma
de mujer es esta que traduce en formas tan violentas y melodramáticas, tan poco amenas y confortables, su visión primeriza del mundo?»

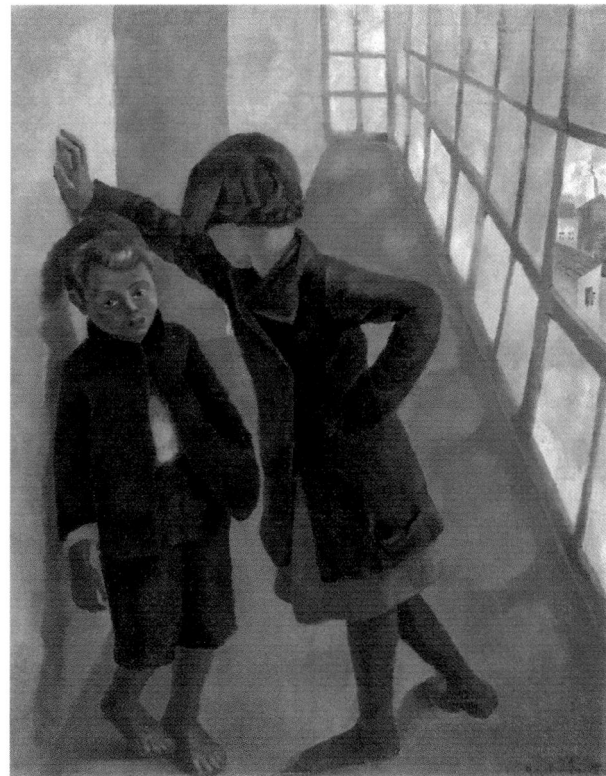

Fig. 7: *Dos hermanos* (1930), Ángeles Santos. Óleo sobre lienzo. Museo Nacional de Arte Reina Sofía.

(De la Encina, 1930: 1). Sin embargo hay que recordar fueron pinturas realizadas en torno a 1930 y que hubo, en general por parte de muchos artistas de vanguardia, una vuelta a conectar con cierto realismo del que Santos también participa. Pasando por la experiencia de la nueva objetividad, el llamado nuevo realismo presentaba todavía algo inquietante y misterioso. Esto está muy presente en la obra de la artista. La crítica seguía teniéndola bajo la lupa, pues su escandalosa historia había avivado los bandos de opinión en torno a la apreciación de su obra y no había miramientos para señalar algunas cuestiones ajenas al análisis de su trabajo. Santos fue castigada tanto por la prensa como por las instituciones (Abril, 1931: 23).

Después de aquel incidente, la familia se trasladó a San Sebastián en 1931. Participó en exposiciones colectivas que ya estaban apalabradas con anterioridad, pero igualmente con obras de antigua producción. De igual modo pasó con sus ilustraciones, que se publicaron junto a algunos de sus escritos durante esa época. Aparecieron ilustraciones suyas en *La Gaceta Literaria* a finales de 1931, como *Crimen apasionado* o las que acompañan al texto *Nueva moral de lo abominable*, junto con obras de Dalí y Maruja Mallo (Fig. 8). Muy similares a las que fueron publicadas en el *Butlletí de l'Agrupament Escolar* un año antes. Por desgracia no siguió cultivando este arte, pese a dar muestras de un sugerente trabajo.

El padre de la artista quería compensar aquel trágico episodio. Pese a todo hemos de decir que la familia siempre confió en el talento de Santos. Por ello, haciendo un gran esfuerzo organizó y financió una exposición individual en París para su hija, en la Galería Charles-August Girard. Lamentablemente parece que dicha exhibición no tuvo el éxito que pensaron, más allá de ser reseñada en el número 147 la revista *L'Art Vivant* (Gauthier, 1931: 185-186). Para triunfar en París no sólo se debía tener algún reconocimiento previo en la capital francesa, había que estar allí y participar de ciertos círculos. Cabe pensar que en el caso de Ángeles Santos no fue tanto una cuestión de falta de talento, sino de que carecía de proyección por no haber salido de los entornos familiares y provincianos. El intento de animar de nuevo a la joven a continuar con la pintura se vio frustrado y Santos se mantenía en un estado depresivo que le impedía retomar su tarea creativa.

La familia se mudó nuevamente en 1933 a Barcelona. Este cambio de algún modo tuvo un efecto beneficioso en la artista, que tras pasar esa crisis traumática no había terminado de recomponerse. En aquel punto Ángeles Santos no estaba especialmente conectada con el mundo artístico moderno, aunque ella nunca había socializado demasiado y sus amistades habían sido escasas. Santos seguía siendo una persona tendente a la solitud, siempre lo fue, pese a haber vivido en familia. Sin embargo, pronto, gracias a algunos amigos, entró en los círculos vanguardistas de Barcelona. Allí conoció a quien fue su marido, el pintor Emilio Grau Sala. En aquel ambiente consiguió entonarse y, tímidamente, retomar los pinceles.

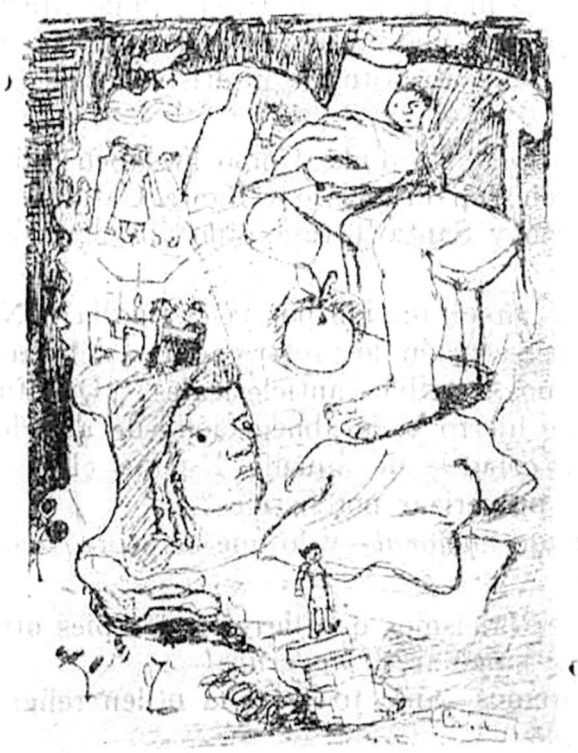

Fig. 8: "Nueva moral de lo abominable", *La Gaceta Literaria* nº 119, página 10. 1-12-1931.

En 1935 expuso por primera vez en Barcelona, posteriormente, en 1936, lo volvería a hacer. Ambas exposiciones tuvieron un recibimiento muy distinto. Probablemente la primera exposición tuviera más que ver con su producción anterior, onírica, surrealista y expresionista, y la de 1936 presentó novedades que estaban más en contacto con el color y la producción de Grau Sala. La crítica oficial demeritó aquella etapa oscura y ensalzó esta nueva, mucho más alegre y vivaz (Fig. 9).

Tiempo después ella misma alguna vez habló, no muy profundamente, de aquella crisis: «Me trastorné un poco y me llevaron a descansar a un sanatorio durante un mes y medio. Estaba nerviosa y solo me apetecía llorar. No sabía lo que quería» (Vernet, 1999: 185). Su rechazo a dicha etapa parece llevar a Santos a renegar, incluso, de las lecturas y las influencias que entonces avivaron su imaginación. A veces parecen olvidadas, otras como si hubieran formado parte de una realidad ajena. Es por ello que tal vez, para conocer mejor su obra durante el periodo anterior a 1931, es conveniente recurrir a entrevistas de la época y no tanto a sus declaraciones más recientes.

> Se sufría al pintar, por eso lo borraba muchas veces. Al final de esta época pintaba esqueletos en un campo de calaveras sobre un fondo negro con estrellas brillantes. Todo lo borre o pinte algo encima, no lo recuerdo. Era un bonito cuadro, de formato muy alargado. Conservo alguna foto, creo. He hecho cuadros muy raros que posteriormente he destrozado (Vernet, 1999: 186).

En consonancia con este intento de auto-borrado, la artista destruyó o reutilizó en muchas ocasiones lienzos que en su origen mostraron obras tan sugerentes como *Persona abierta* de 1930. Obras que conocemos gracias a su reproducción en revistas de la época. No es difícil suponer que esto se debía a una tensión entre el antes y el después de su paso por el sanatorio, ya que las fechas lo evidencian. La negación sistemática que hizo de aquel periodo la llevó incluso a desmentir relaciones personales (Parassols y Santos, 2010: 91). Santos aseguró, además, «no tener imaginaciones»:

> Ya no quise pintar más esos cuadros y me dedique a las cosas sencillas: el mar —se ríe un poco nerviosa—, alguna marina, el

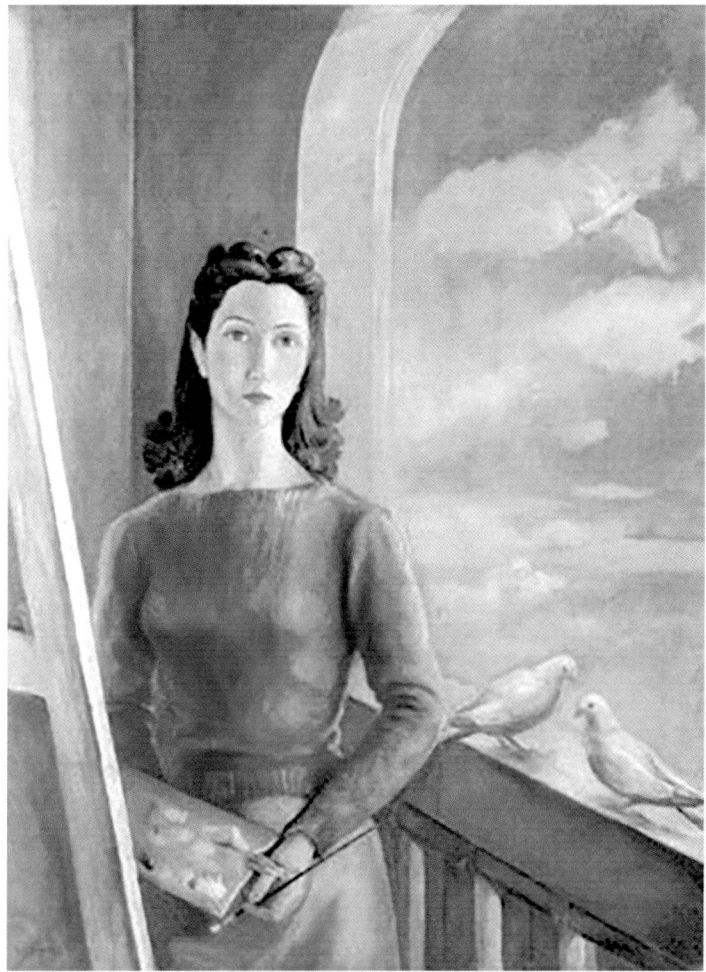

Fig. 9: *Autorretrato* (1942), Ángeles Santos.

jardín... ya no me imaginaba nada. [...] Seguramente también cambiaria mi pintura con el nacimiento de mi hijo Julián. Ya no tuve imaginaciones. Pintaba figuras, retratos, sobre todo de niñas y de mi hijo, y algún retrato de señora, pero también hacia flores, bodegones y paisajes (Parassols y Santos, 2010: 91).

Ángeles Santos dijo en muchas ocasiones que ya no quería ser la artista que fue antes de su periodo reclusa en el sanatorio. Cualquiera que observe su última producción estará tentado, en un primer instante, a opinar que son paisajes serenos, sin mucho interés, pintados desde un balcón, en los que la artista no interviene ni participa de modo alguno. Sin embargo, habría que analizar con más suspicacia estas obras para determinar si es o no es una continuación lógica teniendo en cuenta su experiencia vital. También para refutar algunas apreciaciones que se han hecho respecto a su última producción.

Podemos comenzar con esa idea de la pasividad y de la no participación, ilógica por otra parte puesto que la artista sí interviene: es la observadora (Fig. 10). Esas vistas tienen un sujeto, al que no vemos, que es quien mira y quien nos presta su mirada, desde la intimidad de su hogar. Es Ángeles Santos compartiendo con nosotros su soledad y la calma de la aceptación. Si analizamos las imágenes en conjunto encontramos que hay ciertas similitudes y la incomunicación sigue

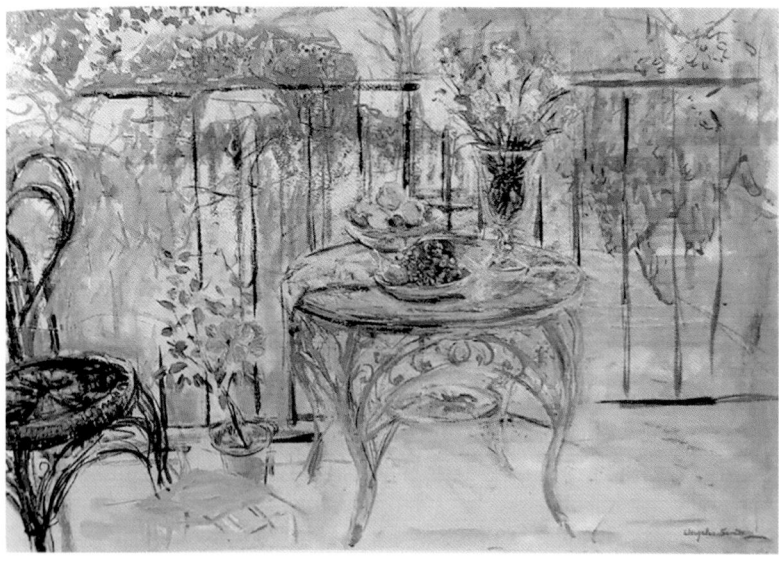

Fig. 10: *Terraza de Sitges* (1976), Ángeles Santos.

presente. Siempre hubo ventanas y balcones, desde los que observar el mundo en la distancia. Habla del aislamiento de nuevo, aunque el tono sea distinto; nos cuenta cómo habita «lo privado» con una nueva mirada y con cierta resignación, aceptando que es lo más conveniente para mantenerse en paz. Si antes la atmósfera era evidentemente opresiva y aludía al oscurantismo del costumbrismo y la vida hacia adentro, las nuevas vistas que presenta la artista en su madurez parecen expresar una aceptación plácida de ese eterno estado de recogimiento. Hay ternura, sosiego y melancolía, no son tan banales como han querido hacernos creer, pues estas obras están atravesadas por una compleja e inquietante experiencia y recoge también el haber aprendido un nuevo sentir. Mirar el mundo desde su ventana, siempre, pero ahora sin el ansia de saltar por los balcones de la libertad.

BIBLIOGRAFÍA

Abril, M. (10 de diciembre de 1930). El Salón de Otoño. *Revista de las Españas*.

Abril, M. (15 de febrero de 1931). Rumbos, exposiciones y artistas. *Blanco y Negro*.

Anónimo. (12 de octubre de 1928). Castilla. *El Siglo futuro*.

Anónimo. (28 de octubre de 1929). Noticias. *El Heraldo de Madrid*.

Balló, T. (2016). *Las Sinsombrero*. Barcelona: Espasa.

Balló, T. (2018). *Las Sinsombrero 2: ocultas e impecables*. Barcelona: Espasa.

Carnes, L. (23 de noviembre de 1930). Arte y Artistas. *Crónica*.

Casamartina Parassols, J., y Santos, Á. (2010). *Ángeles Santos*. Madrid: Fundación MAPFRE.

De la Encina, J. (30 de octubre de 1930). De Arte. X Salón de Otoño. *La Voz*.

De Somacarrera, M. P. (17 de noviembre de 1929). Nuestros reportajes. *El día gráfico*.

Francés, J. (1 de noviembre de 1930). Salón de Otoño. Palabras en la Sala de Ángeles Santos. *La Esfera*.

Gauthier, M. (1 de febrero de 1931). Les Expositions. *L'Art vivant*.

Gómez de la Serna, R. (1 de noviembre de 1929). La creadora de «Un Mundo». *El Sol*.

Gómez de la Serna, R. (1 de abril de 1930). La genial pintora Angeles Santos, incomunicada en un Sanatorio. *La Gaceta Literaria*.

Jarque, F. (20 de septiembre de 2003). Ángeles Santos. Una pionera de las Vanguardias. *Babelia, El País*. Recuperado de https://elpais.com/diario/2003/09/20/babelia/1064014750_850215.html?event_log=oklogin

Lafuente, E. (1 de noviembre de 1929). Exposiciones: Arte otoñal. *La Gaceta Literaria*.

León Domínguez, L. (1 de noviembre de 1930). Crónica de Arte. El X Salón de Otoño. *Unión Monárquica*.

R.M.B. (4 de julio de 1930). Salón permanente del Círculo de Bellas Artes. *La Nacion*.

Rius Vernet, N. (1999). ENTREVISTA. Ángeles Santos Torroella. *DUODA: estudis de la diferència sexual*.

Rius Vernet, N. (1999). La pintora Ángeles Santos Torroella. *DUODA: Revista d'estudis feministes*.

Ciudades, soledades y resistencias
Propuestas para una reconstrucción
del imaginario urbano desde los márgenes

Rocío Sola Jiménez
Universidad de Granada.

Las ciudades son geografías que no pueden captarse en su totalidad. Tienen al menos tantos significados y configuraciones como habitantes, y acceder a algunos de estos significados requiere imaginación y creatividad, hundiéndonos hasta las raíces de la mitología que gira en torno a ciudades concretas, a la configuración de sus espacios, construidos y vacíos. Requiere comprender que las ciudades no son sólo materiales. Partiendo de un origen etimológico procedente del mundo romano, la ciudad *urbs* venía definida por la cualidad material y espacial, en un continuo reinventarse y renovarse desde lo meramente estructural[1]. Por otro lado, la *civitas*, nos habla de sus habitantes y de los usos del espacio urbano, de prácticas sociales y culturales, representaciones y sensaciones. Cuestiones que pueden valorarse desde su experimentación en primera persona o a través de los ríos de tinta que ha desatado la idea de la ciudad y las configuraciones sociales que la rigen. Cada una de estas dimensiones está llena de infinitas posibilidades para que una ciudad sea, se experimente y se convierta.

---

1. En este sentido es interesante aproximarse a esta *ubrs* también desde su idea de finitud. Marshall Berman en *Todo lo sólido se desvanece en el aire*, toma esta línea del *Manifiesto comunista* para apuntar cómo todo lo estructural está hecho para ser destruido, reemplazado o mejorado en el sentido más occidental de "progreso", impidiendo así que la ciudad-*urbs* se extienda hasta el infinito (ver Capel, 2003: 10)

Como término y concepto, el imaginario urbano se convierte en una plataforma para explorar la multiplicidad de significados de la ciudad. El imaginario urbano se refiere a la creación y reconstrucción de la cultura pública de una ciudad. Habla de los procesos de los que informan las narrativas, basadas en el lugar en el que surgen, ya sea dentro de la ciudad per se o como resultado del corpus político, social e imaginario que se activa para configurarla y reconfigurarla. Una mirada crítica a la ciudad promueve una reflexión sobre las políticas del imaginario, sobre quién puede participar en ella y sobre quién está representado en ella (Durán, 2008).

Lewis Mumford, en su libro *La ciudad en la Historia* (2014), recoge un planteamiento bastante extendido a lo largo de la historiografía urbana, consolidado especialmente a partir de los siglos XIX y XX[2], en el que se reduce el origen de las ciudades como un fenómeno estrechamente ligado a dos factores configuradores de la cultura cristiana occidental. Estos son: la burguesía y el capitalismo (2014, 433-435). Henri Lefebvre, en *La producción del espacio* (2013), habla de la burguesía como la clase social que no tanto configura, sino que toma el centro de las ciudades, contrastando la opulencia de los exteriores y del diseño sobre plano con un deseo de intimidad radicado en la asepsia, en la cesura y la censura de las libidos (19 y ss.). Tras la revolución industrial la burguesía se instaurará de forma más clara en el centro neurálgico de la ciudad junto con las maquinarias de generación de plusvalía, relegando a los márgenes a aquellos grupos sociales que encuentran en su hábitat «su más simple expresión» (Lefebvre, 2013: 352), es decir, se les reduce al «umbral inferior de la sociabilidad» (352), encontrando una estructura urbana donde la jerarquía se

---

2. Una obra bastante ilustrativa en esta cuestión sería *Le signorie cittedine in Italia, secoli XIII-XV* (2010), en la que su autor, Adrea Zorzi, visita los lugares comunes de la historiografía de los siglos XIX y principios del XX a la hora de mirar a la configuración de las ciudades durante Edad Media, encontrando en el discurso de Mumford una herramienta utilizada por la propia burguesía para ratificar y asegurar su posición social al dotarla de una dimensión histórica y haciendo caso omiso de las particularidades de otras ciudades y de los sistemas de poder por las que se originaron, siendo los casos olvidados, como siempre, los de las consideradas periferias y sures globales.

construye sobre la premisa de aislar a determinados grupos del centro simbólico y económico de las ciudades.

Sin embargo, los engranajes de las ciudades y la forma de construir estos espacios responden a mecanismos de ordenación mucho más complejos, y usar el término «frontera» para hablar de las delimitaciones de estos espacios a veces resulta demasiado impreciso, pues muchas veces esta palabra oculta lo esencial: las profundas líneas de fractura en medio de la homogeneidad que perfilan los auténticos contornos del espacio (Lefebvre, 2013: 352). Lefebvre aborda el espacio que se dibuja entre estas fronteras como algo represivo. Lo es, y lo es de forma múltiple, pues la presencia de estas fronteras reduce, localiza, jerarquiza y segrega. Y la respuesta a la pregunta de «¿a quién o qué grupos afecta la frontera?» no os sorprenderá: a les mismes subalternes de siempre (loques, racializades, precaries, migrantes, discas y *queers*).

Esta idea de frontera también responde a la construcción de un imaginario. En las ciudades no existen trincheras físicas que separen los espacios y organicen según la clase, la raza, el género o sexualidad. Esta ordenación del espacio lo que sí hace es abrir heridas, reales y simbólicas, sobre las que es extremadamente importante reconstruir unos valores nuevos. Gloria Anzaldúa, en *Borderlands/La frontera* (2016) define la cuestión fronteriza como un espacio geográfico que se convierte en lugar de resistencia identitaria y de posicionamiento político (35). La frontera es un lugar de negociación y de congregación de subjetividades y sexualidades marginales y alternativas. Convierte la frontera geográfica, que limita y excluye, en una herramienta para elaborar una cartografía desde el feminismo y el discurso decolonial, que acarrean imaginarios muy distintos a los occidentales, burgueses y capitalistas a los que señalan Mumford y Lefebvre, y que han venido operando especialmente y sin mucha oposición desde el mal llamado Siglo de las Luces.

Inspirándome en este contraste de fronteras, en la comparación de estos dos imaginarios, me gustaría elaborar a continuación un discurso, un hilo de ideas ordenadas en voz alta, en el que veamos cómo la manera de hablar de la ciudad y de sus afectaciones psicológicas ha excluido sistemáticamente a las personas a las que se dirige Anzaldúa en sus escritos y cómo, ante esa marginalidad solitaria fuera del discurso, se han planteado acciones y epistemologías que se proponen tomar el espacio del que se les excluye, y reconstruirlo. Aquí hablo del margen como una realidad estrechamente ligada al concepto anzalduano de frontera, pues hablar de margen nos permite hablar de sujetos y espacios no centrales ni dominantes, es decir, alejados o aislados del centro político y simbólico de la ciudad.

En su obra *Cómo vivir juntos*, Roland Barthes (2003) reflexiona sobre la manera en la que actúan y se asientan los mecanismos interpersonales que rigen las normas sociales, principalmente centrándose en la ciudad como espacio desde el que se crean y se ordenan estos procesos de socialización. Una forma de criticarlos es presentando un individuo que enarbola la idea de soledad positiva, el eremita, que simboliza una toma de consciencia sobre los funcionamientos de la ciudad, del contrato social que adquiere en ella, y emprende una acción de alejarse de esta tramoya. El eremita de Barthes presenta la soledad melancólica, romantizada y en mayor o menor medida politizada, de aquella persona que desea no participar en la lógica de la productividad mercantilista que rige a la ciudad. Sin embargo, el propio Barthes apunta que la actitud del eremita no es ni la única ni la mejor respuesta hacia las directrices que condicionan la vida común en las ciudades (2003: 145). La situación de marginalidad y aislamiento buscado por parte de un agente[3] que ha participado de las reglas de juego de la ciudad, no es equiparable con la situación de aquellas personas o colectivos situados en los márgenes impuestos desde estas políticas de opresión, de subordinación, de explotación y de ostracismo que configuran las periferias.

Siguiendo con la idea de periferias, Pierre Bourdieu (1999) apunta que éstas se encuentran condenadas a una soledad simbólica estipulada por los organismos de poder, pues «todo poder es violencia simbólica», todo poder logra imponer significados y lo hace desde

---

3. Me permito usar deliberadamente una terminología más afín a la obra de Pierre Bourdieu y a su teoría de los campos.

las relaciones de fuerza, creando una clara división entre «dentro» y «fuera» de los mecanismos de legitimización. La violencia simbólica, diría Bourdieu, es una:

> …coerción que se instituye por mediación de una adhesión que el dominado no puede evitar otorgar al dominante, (…) cuando sólo dispone de instrumentos de conocimiento que comparte con él y que, al no ser más que la forma incorporada de la estructura de la relación de dominación, hacen que ésta se presente como natural (Bourdieu, 1999: 224-225).

Me interesa este caso que plantea Bourdieu, ya que habla de que, para que estas dinámicas de subordinador-subordinado tengan lugar, es necesario que se «compartan» una serie de códigos y narrativas, generados sobre un contexto concreto, que, en muchas ocasiones es extendido o impuesto a partir de, entre otros factores, la guerra[4]. Bourdieu señala la guerra como la principal causante y difusora de estos mecanismos de poder. Sin embargo, «guerra» es un término muy general y ligado también a unos imaginarios muy concretos de confrontación entre grandes potencias políticas. Yo ampliaría la cobertura de este concepto de «guerra» en términos bouridieuanos al machismo, al racismo y al capitalismo, pues como popularizaría el ensayo de Carol Hanish: «lo personal es político», y las múltiples violencias que atraviesan la individualidad de las personas, la mayoría de las veces, responden a una cuestión estructural. Es por esto, que se torna

---

4. La palabra «compartir» en este aspecto aparece entrecomillada debido a que explicar las dinámicas de generación de narrativas de subjetivación aplicadas sobre la «otredad» (no blanca, no hombre, no heterosexual) requeriría de mucha más dedicación. Si bien coincido con la idea de que, para que esta imposición de narrativas y códigos se produzca, es necesario generar ese encuentro, ese «compartir» el espacio, los hilos que vertebran el sistema de opresión eurocéntrico colonial de género se enredan en marañas más complejas que la mera imposición de poder mediante la guerra que suscita Bourdieu. En este sentido es interesante leerlo desde el prisma decolonial de Frantz Fanon (Burawoy, 2018), aunque para una crítica mucho más holística sería necesario intersecar también la cuestión del género y la sexualidad (ver Lugones, 2008).

necesario buscar otros instrumentos de conocimiento desde una conciencia situada para romper esa subordinación. Citando a otra grandísima feminista, la escritora Audre Lorde, «las herramientas del amo nunca desmontarán la casa del amo» (2003: 115).

Reivindicar el concepto de «margen» y de «frontera» como lugar de producción de epistemologías, resulta, por tanto, crucial para romper y repensar ese sistema de valores y esos imaginarios grises de progreso ligados al aislamiento al que nos condena la ciudad mercantilizada, que ensalza la productividad como epicentro social que todo lo rige, tal y como lo presentó en su momento el sociólogo alemán Georg Simmel. Sin embargo, volviendo a citar a Anzaldúa:

> La respuesta al problema entre la raza blanca y la de color, entre los hombres y mujeres, se halla en sanar el quiebre que se origina en los cimientos mismos de nuestras vidas, nuestra cultura, nuestros lenguajes, nuestros pensamientos. Un desplazamiento enorme del pensamiento dualista en la conciencia individual o colectiva es el principio de una larga lucha, pero se trata de una lucha que podría, según nuestras mejores esperanzas, conducirnos al fin de la violación, de la violencia, de la guerra (Anzaldúa, 2016: 137).

Y me atrevo a decir que no es una lucha individual y solitaria, sino que es una lucha conjunta.

Este pensamiento dualista aparece vinculado al imaginario urbano en la obra del ya mencionado Simmel, que describió en su artículo *La metrópolis y la vida mental* (2005) la manera en la que funciona la ciudad moderna y su impacto en la psique del individuo, avanzando algunas cuestiones que me han servido como marco sobre el cual construir un discurso crítico que he ido rellenando con argumentos de otras personas que considero que dan respuesta a las preguntas que Simmel me suscita. Simmel comienza diciendo que:

> El siglo XIX además de exigir una mayor libertad, demandó la especialización del hombre y de su trabajo de acuerdo con criterios funcionales; este proceso de especialización hace que cada individuo se vuelva incomparable a otro y que cada uno de ellos se vuelva indispensable en el mayor grado posible. Sin embargo, esta

especialización hace que cada hombre dependa más directamente de las actividades complementarias de todos los demás (Simmel, 2005: 1)[5].

Estas actividades complementarias a las que se refiere Simmel se enmarcan en un sistema de relaciones pecuniario donde todo atisbo de individualidad se reduce a la pregunta «¿cuánto cuesta?» Y continúa diciendo: «nadie puede decir si la mentalidad intelectualizante promovió a la economía monetaria o si, por el contrario, fue esta última la que determinó la mentalidad intelectualizante» (Simmel, 2005: 3), pues esta forma de crear capital, de cualquier tipo[6], está muy ligada a la creación de una diferencia, de una necesidad de destacar y de presentar un estímulo nuevo todo el rato. Esto podría resumirse diciendo que, pese a que las relaciones capitalistas han servido como aglutinador social creando ese concepto tan manoseado que es la «masa», desde esta «masa» ha habido una producción intelectual y mercantil enfocadas a la continua diferencia.

Simmel habla de la vida metropolitana y alienante, en la que los individuos permanecen en un perenne estado de alerta y esforzándose por luchar contra los estímulos que le bombardean y amenazan con desubicarle; y una vida rural, donde los individuos se relacionan no ya desde el intelecto individualizante sino desde las emociones, donde se advierte un esfuerzo por crear redes basadas en lo subjetivo y en lo emocional. Este perenne estado de alerta aparece reflejado en el texto con el término afrancesado de *Blasée* (Simmel, 2005: 4), que viene

---

5. Aquí Simmel sigue con un pensamiento ciertamente capitalista y masculinizado, dejando una crítica clara del modelo de mercancías como bien explicaría más holgadamente en su obra *La filosofía del dinero.* (2013), aunque sin proponer del todo un plan B (dejando una crítica poco esperanzadora, lo cual deja clara la herencia filosófica nihilista de la que procede, aunque también la critique).

6. Si utilizamos el término de Bourdieu, para quien capital social significa: acumulación «de los recursos potenciales o actuales asociados a la posesión de una red duradera de relaciones más o menos institucionalizadas de reconocimiento mutuos» (2000: 148), lo que nos llevaría hacia la cuestión de la institución y su forma de «construir margen».

aparejado con una sensación de hastío y de soledad. Diría Simmel pues que «los mismos factores que se conjugan para otorgarle exactitud y precisión detalladísimas a la forma de vida metropolitana» (4), es decir, que los mismos mecanismos que se han activado para configurar la individualidad de aquellas personas que operan dentro de las leyes de la ciudad, «son también los que han logrado una estructura de lo más impersonal» (4), pues deja fuera una parte consustancial al ser humano: lo emocional. Así pues, este texto de Simmel presenta ya una primera idea de margen que delimita ese dentro y fuera de la ciudad: lo rural, que se convierte en metáfora de todo lo que se sitúa fuera de estas reglas sociales y cuya inserción dentro de la vida urbana genera situaciones violentas para aquellas personas que, desde este lugar, pretenden adentrarse en la ciudad.

Vinculadas a esta idea de lo rural se encuentran otras dos categorías interesantes para plantear las epistemologías desde los márgenes referidas anteriormente: la categoría de mujer, en la que Simmel no repara demasiado; y la categoría de extranjero. Simmel (2012) describe al extranjero en un ensayo homónimo como aquella persona que:

> Se ha detenido en un determinado círculo espacial —o un círculo cuya delimitación es análoga a las fronteras espaciales— pero su posición dentro del mismo está esencialmente determinada por el hecho de que no pertenece al círculo desde siempre y trae consigo unas cualidades que ni proceden ni pueden proceder del círculo mismo (Simmel: 21).

En otras palabras, lo que dentro de la filosofía de Nicolas Bourriaud (2009) se denominaría «radicante»: alguien que pone en movimiento sus propias raíces y las performa en contextos y formatos heterogéneos pese a que estas no constituyan completamente su propia identidad. La presencia del radicante implica la posibilidad de «traducir ideas, transcodificar imaginarios, transplantar comportamientos y generar una dinámica de intercambio más que de imposición» (Bourriaud, 2009: 22). Olga Sabido Ramos describe la interacción entre ese «dentro y fuera» del círculo en un artículo titulado *Tres miradas sociológicas ante el extrañamiento del mundo* (en Simmel, 2012) como:

> La sensación de sentirse nuevo y desarmado ante situaciones cambiantes y la consecuente experiencia duradera de desarraigo, así como las justificaciones que arguyen la necesidad de marcar límites y erigir barreras emocionales y físicas «seguras» frente y contra los demás; se convierten en estados y formas de relación cada vez más recurrentes que son causa y efecto no sólo de ansiedades y miedos, sino de inquietudes intelectuales por entender su razón de ser y las condiciones sociales que han permitido su presencia en la vida diaria (Sabido Ramos, en Simmel, 2012: 9).

Por otro lado, lo femenino, aparece estrechamente vinculado a esa concepción de lo rural, a los procesos que afectan al alma, al sentimiento, a la irracionalidad. Se refiere a lo femenino con relación a la pasividad y a las tareas reproductivas de «las buenas costumbres». Sin embargo, también decía que es necesario que las mujeres realicen justamente lo que los hombres no pueden realizar (Beriain, 2000), y aquí voy a jugar la baza de la educación sentimental y comunitaria, situada por Simmel ese segundo plano al que se ha condenado a lo femenino (entendido como todo aquello que no es claramente masculino en un sistema binario de pensamiento), a mi favor para dotarlo de potencial revolucionario. Voy a desdibujar estas palabras para hacer una defensa del pensamiento desde los afectos.

Para ello voy a citar a mi querida Brigitte Vasallo cuando dice que «una revolución que deje fuera los afectos será una revolución a trozos» (2018: 16), entendiendo los afectos de una forma que rompe frontalmente con el liberalismo individual, ya que, desde esta idea de individualidad, corremos el riesgo de rayar tan sólo en la superficie del problema:

> …tal vez porque cambiar las condiciones requiere un esfuerzo que no estamos siempre dispuestas a hacer. Tal vez porque estamos demasiado habituadas a usar y tirar los afectos, por mucho que luego reciclemos la ropa y los muebles. Porque sabemos palabras complejas, pero no asumimos la complejidad de las palabras (Vasallo, 2018: 14).

Lo que a mi entender dice Vasallo, entronca también con el texto de Simmel. Éste plantea dinámicas de oposición por contraste entre ciudad y campo, dominador y dominado, masculino y femenino, autóctono y extranjero, etc. En estas dinámicas existe un marcado contraste diferenciador, el cual muchas veces es ignorado al no considerársele substancial, es decir, se relega a un segundo plano y resta valor (convierte en marginal) a todo aquello que queda desprovisto de capital en un sistema muy concreto de ordenación de poderes. Esto hace muy difícil que desde dentro de estos mecanismos, en los que opera la individualidad liberal que critica Vasallo, cambien las dinámicas sociales que atraviesan la ordenación de las ciudades. Dada esta insensibilidad ante la diferencia de las cosas que actúa en estos sistemas de pensamiento, se vuelve fundamental generar otras epistemologías procedentes del otro lado de la frontera del discurso.

Es por esto por lo que abandono ahora la ciudad de Simmel y sus imaginarios, anclados en los albores del siglo XX, para presentar una propuesta epistemológica relativamente reciente que está creada por y para el «error» en el script, en esa programación que manipula y automatiza las instalaciones de un sistema: se trata de las epistemologías *glitch* (del inglés *glitch epistemologies*).

Urban Dictionary define *glitch* como «un error en un sistema estructurado». Dictionary.com amplía esta idea definiéndolo como «un defecto o un malfuncionamiento en una máquina o un plan». El *glitch* aplicado al imaginario moderno de la ciudad, que como critica la historiadora del arte Shannon Mattern (2012) cada vez se ha intentado aproximar más al ordenador desde esta idea de «ciudades inteligentes», implicaría un error y una disconformidad dentro de un sistema que ya ha sido perturbado por la estratificación económica, racial, social, sexual y cultural y por la bola de demolición imperialista de la globalización (procesos que siguen ejerciendo violencia sobre todos los cuerpos). Mirándolo de esta forma, puede que, de hecho, el *glitch* no sea un error en absoluto, sino más bien una errata muy necesaria. Si la ciudad es un script, valiéndonos de terminología informática, este está formado por una serie de piezas que determinan cuestiones abstractas como el valor (del trabajo, del dinero, de las personas en relación con su grado producción) y las estructuras relacionales, pensadas para privatizar, individualizar y dar continuidad al sistema (Álvarez León, 2022: 385). Mattern ha argumentado que esta forma de definir a las ciudades (desde lo computacional) las ha reducido a un estrecho set de información y procesos que excluyen otro tipo de inteligencias y experiencias urbanas, por lo que buscar nuevas maneras de romper e intervenir esa lógica urbana se convierte en algo crucial para reimaginar lo urbano (2012). Así, el *glitch* surge como una corrección espasmódica de la «máquina» y, a su vez, como una posibilidad de pararse a pensar sobre los mecanismos que han llevado a esta fisura.

La escritora y comisaria de arte Legacy Russell ya advirtió en 2013[7] el potencial de esta idea de *glitch* para aplicarlo a un pensamiento feminista, *queer* y situado, dando los primeros pasos hacia lo que sería un *Manifiesto del Feminismo Glitch* (2020, 2022). El manifiesto de Russell habla de la realidad sensible y de la realidad digital como elementos interconectados, siendo el *glitch* también lo que nos hace tomar consciencia de la separación de los dos mundos. Una feminista *glitch* reconoce el valor de la visualidad y el papel revolucionario que la práctica digital tiene en la expansión de la construcción, deconstrucción y re-presentación del corpus de identificación que radica en el binarismo. La problematización del dualismo digital abre la puerta a más discursos y descubrimientos: los cuerpos identificados como femeninos y les artistas que participan del magnífico batiburrillo del género siguen marcando su propio camino dentro del linaje de la historia del arte; reclamando desde lo digital un terreno seguro y una plataforma que les permite explorar nuevos públicos, entablar un discurso crítico con nuevas audiencias y, sobre todo, escurrirse (*glitchear*) entre nuevas formas de concebir sus cuerpos e identidades (Rusell, 2013).

Las investigadoras Agnieszka Leszczynski y Sarah Elwood (2022) toman las ideas de Mattern y de Russel cuando hablan de «epistemologías *glitch*» aplicadas a los imaginarios de las ciudades contemporáneas. Se centran en aquellos elementos que «no computan» dentro del paradigma de dominación urbano. Esta cuestión del «fallo» se aplica

---

7. Antes de convertirse en autora destacada dentro de estas epistemologías glitch, comenzó escribiendo para el blog Cyborgology: https://thesocietypages.org/cyborgology/2012/12/10/digital-dualism-and-the-glitch-feminism-manifesto/.

a todo aquello que interrumpe el sistema de dominación y de ordenación de unas ciudades que se dicen «inteligentes», embebidas en el discurso digital y que no paran de repetir los paradigmas de Simmel, salvo que esta vez aplicándola a una capa de realidad paralela, la del mundo en la red.

El *glitch* implica la posibilidad de cambios disruptivos sobre las leyes que rigen lo urbano. Los objetos computables de estas ciudades pueden y deben reinventarse y ser reapropiados por aquellos sectores de la población que ya, por su mera existencia, representan una dificultad (un «error», un *glitch*) para lo «computacional», para la norma. Sus acciones y su forma de tomar presencia en las ciudades es una forma de alterar el «script», y este puede darse de muchas maneras: desde la creación de centros autogestionados, hasta tender redes sexoafectivas extensas que rompan con el aislamiento de la familia nuclear, hasta las redes de colaboración vecinal, más aún si estes vecines o estas comunidades que se agrupan y se apoyan están situadas fuera de la institución[8]. Es a partir de *transcender* este *script* como las personas consideradas como subalternas o incómodas pueden crear sus propios espacios. Estos espacios son cruciales para desarrollar y comprender un rango amplio de maneras de contestar los mecanismos de poder aplicados en las ciudades, pese a que a veces se puedan considerar sutiles y no se aprecien, ya que muchas veces operan desde las micropolíticas.

En cierto sentido, la idea de *glitch* puede parecer inocua e insuficiente y que lo único que hace es oscurecer sus propios orígenes y principios en los sistemas de opresión que establecen discriminaciones por defecto. Al contrario, los *glitches* son importantes porque precisamente señalan las fisuras de estos «órdenes discriminatorios». Se convierten en espacios de resistencia identitaria, como decía Gloria Anzaldúa de las fronteras. Leszczynski y Elwood, por ejemplo, señalan también esta cuestión de lo *glitch* en relación con las existencias que van más allá del binarismo de género, vistas muchas veces como

---

8. Un ejemplo claro de este tipo de organizaciones sería el Sindicato de Manteros de Barcelona y su labor social.

«errores» dentro de una maquinaria social que activa dispositivos de dominación y de exclusión a partir de definiciones encorsetadas por el binarismo (Leszczynski y Elwood, 2022: 364). La existencia de todes elles supondría por tanto un *glitch* generativo que revela simultáneamente las fisuras de la tecnología del género, cortocircuitándola y redefiniendo nuevos códigos.

Así pues, el *glitch* también re-construye, re-define y re-configura. Implica múltiples formas de percibir la ciudad, su entorno y sus mecanismos, cómo se han creado y qué discursos se han utilizado para legitimarlos. El *glicth* tiene el potencial de cambiar la mirada, cambiar las formas de actuar, de ser y de estar en este capitalismo digital que nos embebe. Tiene el potencial de crear nuevas redes de interacción y de funcionamiento urbano. Las ciudades computacionales de las que habla Shannon Mattern no son realidades estables. Están continuamente haciéndose, deshaciéndose y rehaciéndose[9] (Leszczynski y Elwood, 2022: 371), y es una cuestión llevada a cabo por unos individuos concretos a expensas de otros.

Es necesario prestar atención a estos procesos y crear unas epistemologías formuladas desde el *glitch*, desde estas personas y colectivos que han estado históricamente excluides del acceso a la producción sistemática de conocimiento. Esto afecta, en palabras de Mariángeles Durán en su libro *La ciudad compartida* (2008), a la crítica del sujeto cognoscente anterior, al hombre del siglo XX que escribía sobre ciudades sin analizarse como sujeto productor de conocimiento y «se las arreglaba para encarnar una sabiduría o una capacidad de conocer incontaminada de sus rasgos personales» (Durán, 2008: 17). El cuerpo es lo primero que se pone como origen de la percepción, siendo esta percepción y esta experiencia a través de lo corporal su base de conocimiento. Por ello es necesario detectar las no-presencias, las negaciones, los olvidos planificados y no casuales mediante la búsqueda de acontecimientos que funcionen como acicates, mediante la búsqueda del *glitch*, para lo cual muchas veces es necesario recurrir a la

---

9. Esta idea recuerda un poco a la ciudad de las artes que presenta William Blake en su poema *Milton*: la ciudad de Golgonooza.

experiencia propia e introducirla en los espacios comunes, legitimando así una memoria, un discurso y una epistemología que permita a cada une reconocerse en le otre y ser, desde une misme, otre, configurando así un nuevo espacio y unos imaginarios que resignifiquen la ciudad.

BIBLIOGRAFÍA

Álvarez León, L.F. (2022). From glitch epistemologies to glitch politics. *Dialogues in Human Geography, 12*, (3), 384-388.

Anzaldúa, G. (2016). *Borderlands / La frontera. La nueva mestiza.* Madrid: Capitán Swing.

Barthes, R. (2003). *Cómo vivir juntos: simulaciones novelescas de algunos espacios cotidianos.* Buenos Aires: Siglo XXI Editores.

Beriain, J. (2000). El ser oculto de la cultura femenina en la obra de Georg Simmel. *Reis. Revista Española de Investigaciones Sociológicas*, (89), 141-180.

Bourdieu, P. (1999). *Meditaciones pascalianas.* Madrid: Anagrama.

Bourdieu, P. (2000). *Poder, derecho y clases sociales.* Bilbao: Desclée de Brouwer.

Bourriaud, N. (2009). *Radicante.* Buenos Aires: Los sentidos / artes visuales.

Burawoy, M. & Holdt, K. (2018). *Fanon Meets Bourdieu – from CONVERSATION 4 – COLONIALISM AND REVOLUTION.* Cambridge: Cambridge University Press.

Capel, H. (2003). A modo de introducción. Los problemas de las ciudades. *Urbs, Civitas y Polis. Colección Mediterráneo Económico: Ciudades, arquitectura y espacio urbano*, (3), 9-22.

Castellano San Jacinto, T. (2016). *Distracción, shock, interrupción: la recepción de Walter Benjamin en las prácticas artísticas contemporáneas* (Tesis doctoral). Universidad Complutense de Madrid.

Delgado Viñas, C. (2016). *Pensar las ciudades desde la Geografía*. En J.F. Vera; J. Olcina y M. Hernández (eds.) *Paisaje, cultura territorial y vivencia de la Geografía*. *Libro homenaje al profesor Alfredo Morales Gil* (pp. 481-506). San Vicente del Raspeig: Publicaciones de la Universidad de Alicante.

Dictionary.com. (s.f.). Glitch. Recuperado de: https://www.dictionary.com/browse/glitch

Durán, M.A. (2008). *La ciudad Compartida. Conocimiento, afecto y uso*. Santiago de Chile: Ediciones Sur.

García Peña, L. (2019). La soledad contemporánea desde la obra de pensadores esenciales: análisis y perspectivas. *Iztapalapa Revista de Ciencias Sociales y Humanidades*, (86), 185-206.

Hillen, S. (2008). Suspending Events, Loving the Margin: Solitude According to Barthes. *Paragraph*, *31*(1), 61-71.

Kracauer, S. (2008). *Los empleados*. Barcelona: Gedisa.

Lefebvre, H. (2013). *La producción del espacio*. Madrid: Capitán Swing.

Lefebvre, H. (2020). *El derecho a la ciudad*. Madrid: Capitán Swing.

Leszczynski, A. y Elwood, S. (2022). Glitch epistemologies for computational cities. *Dialogues in Human Geogrphy*, *12*(3), 361-378.

Lugones, M. (2008). Colonialidad y género. *Tábula rasa*, (9), 73-101.

Lorde, Audre (2003). *La hermana, la extranjera. Textos y conferencias*. Madrid: Horas y horas.

Matías Gambarotta, E. (2015). Del socioanálisis a la subversión simbólica. La práctica de la sociología y la disrupción de los mecanismos de dominación a partir de P. Bourdieu. *Estudios Sociológicos*, XXXIII (97), 121-143.

Mattern, S. (2012). *A City is Not a Computer: Other Urban Intelligences*. Nueva Jersey: Princeton University Press.

Misgav, C. y Hartal, G. (2019). *Queer* Urban Movements from the Margin(s) – Activism, Politics, Space: An Editorial Introduction. *Geography Research Forum*, (39), 1-18.

Molano Camargo, F. (2016). El derecho a la ciudad: de Henri Lefebvre a los análisis sobre la ciudad capitalista contemporánea. *Folios*, (44), 3-19.

Mumford, L. (2014). *La ciudad en la historia*. Logroño: Pepitas de Calabaza.

Richardson, L. (2022). *queer* urban theories. *Dialogues in Human Geography,* 12 (3), 393-396.

Russell, L. (10 de diciembre de 2012). Digital Dualism and the Glitch Feminism Manifesto [Blog Cyborgology]. Recuperado de: https://thesocietypages.org/cyborgology/2012/12/10/digital-dualism-and-the-glitch-feminism-manifesto/

Russell, L. (2020). *Glitch Feminism: A Manifesto*. Nueva York: Verso.

Simmel, G. (2005). La metrópolis y la vida mental. *Bifurcaciones. Revista de estudios culturales urbanos*, (4), 1-10.

Simmel, G. (2013). *La filosofía del dinero*. Madrid: Capitán Swing.

Simmel, G. (2012). *El extranjero. Sociología del extraño*. Madrid: Sequitur.

Urban Dictionary (11 de febrero de 2016). *Glitch*. Recuperado de: https://www.urbandictionary.com/define.php?term=glitch.

Vasallo, B. (2018). *Pensamiento monógamo terror poliamoroso*. Madrid: La oveja roja.

La soledad del «novelista de investigación» ante los fantasmas del pasado en la narrativa española actual

Cercas, Martínez de Pisón y Hernández

Elios Mendieta
Universidad Complutense de Madrid

INTRODUCCIÓN

La transformación del escritor en un detective que viaja al pretérito para investigar un asunto por esclarecer y da cuenta de ello en una novela, valiéndose de la primera persona en la voz narrativa, se ha convertido en una tendencia en el contexto literario español contemporáneo. Se trata de una fórmula híbrida, que se sitúa en el ámbito de la no ficción pese a ser lo ficcional un elemento inequívoco de su idiosincrasia, y que utiliza herramientas de disciplinas dispares como el Nuevo Periodismo, la Teoría de la Literatura posmoderna, el género novelístico policiaco o el diarístico, entre otros. La eclosión de este tipo de trabajos en el panorama nacional viene determinada, además, por dos factores: la entrada decidida de una mayor introspección y del «yo» en la literatura —un fenómeno creciente desde la invención del neologismo autoficción por Serge Doubrovsky, en 1977, y que toma fuerza en España en los estertores del pasado siglo e inicio del presente (Casas, 2012)— y el mayor interés que presentan nuevos narradores por indagar en eventos traumáticos acaecidos en el país en el convulso siglo XX, con la Guerra Civil como uno de los periodos más visitados.

En este contexto, resulta un hito la publicación de *Soldados de Salamina* (2001), un auténtico fenómeno de sociología literaria en el panorama creativo nacional (Ródenas de Moya, 2018: 25), que supone un inesperado éxito de ventas y crítica, y que instaura un modelo narrativo que seguirán numerosos escritores. Javier Cercas se convierte también en el personaje protagonista de su libro, un investigador que empieza a consultar archivos, realizar entrevistas y visitar hemerotecas de todo tipo para indagar en un suceso ocurrido durante los estertores de la contienda civil española. Es el autor, narrador y protagonista de la novela y, aunque la historia investigada está basada en hechos reales —el fusilamiento fallido de Rafael Sánchez Mazas, ideólogo de Falange Española— la invención toma un rol clave en el relato, ya que son varias las diferencias entre el Cercas real, el autor del libro *Soldados de Salamina*, y el Cercas personaje que actúa como investigador del relato; y, además, son muchos los personajes e historias que se nos narran que son producto de la imaginación de su creador y que no ocurrieron en la realidad. Tal fue el eco de la obra y su importancia para agitar el panorama narrativo del momento que pronto se habló de un «efecto Cercas» (Catelli, 2002), capaz de ejercer una fuerza de fascinación, irradiación e inspiración en otros narradores contemporáneos.

Otro rasgo de esta fórmula literaria es la soledad confesada por el autor-investigador. Esto se debe, en primer lugar, a que la labor de indagación suele ser un trabajo individual, repleto de dificultades que alteran el propio proceso que se narra; y, en segundo término y más relevante, porque en ese viaje al pretérito que supone el proceso de investigación, el autor-narrador no suele salir indemne, ya que aquello que se revisita puede afectar en lo personal al propio creador, esto es, existe una «memoria herida» (Ricoeur, 1999) que aún no se ha cicatrizado y que genera dolor en el investigador. Existe un doble nivel temporal: el pasado que se investiga, por una parte, y el presente en que se desarrolla el proceso indagatorio, del que se da cuenta en el libro como un singular *work-in-progress*. Esa impotencia y soledad que emerge en la reconstrucción de los hechos pretéritos es reconocida por el autor-investigador en las páginas, gracias a la entrada desacomplejada del «yo» que posibilita las novelas de esta naturaleza.

El propósito de este artículo es analizar diferentes modos de plasmar la fórmula literaria aludida en el contexto narrativo español del presente siglo, y que podría definirse, siguiendo el trabajo de José Martínez

Rubio (2015), como «novela de investigación de escritor», poniendo el foco en cómo la soledad se proyecta en el personaje central, en el juego de espejos autor-protagonista, y estudiando cómo ha evolucionado este modelo narrativo desde la aparición de *Soldados de Salamina*. Para ello, se pone en diálogo y se contrastan tres «novelas de investigación de escritor» publicadas en España: la referida de Javier Cercas, *Enterrar a los muertos* (2005), de Ignacio Martínez de Pisón; y *El dolor de los demás* (2018), de Miguel Ángel Hernández. Pero antes de analizar a fondo cada propuesta, se han de perfilar las características de esta fórmula novelística que parece haberse asentado en la narrativa contemporánea en español de las últimas dos décadas[1].

ESTADO DE LA CUESTIÓN

En la delimitación conceptual de la tendencia literaria resultó muy relevante el estudio de José Martínez Rubio *Las formas de la verdad. Investigación, docuficción y memoria hispánica* (2015), pues, entre otros asuntos, ponía el foco sobre algunos autores del contexto hispánico que habían acometido una investigación sobre un asunto pretérito y

---

1. Aunque en el capítulo que nos ocupa se analizan tres textos escritos por hombres y también protagonizados por personajes masculinos, ya que encajan perfectamente en los intereses de la investigación, sería injusto no referir la existencia de diferentes «novelas de investigación» escritas y protagonizadas por mujeres, tengan o no el periodo de la Guerra Civil como lugar que se revisita. En el citado estudio principal del investigador José Martínez Rubio, que ve la luz en 2015, buena parte de los textos analizados son escritos por hombres, pero también aparecen novelas como con protagonismo y autoría femenina, como ocurre con *Daniela Astor y la caja negra* (2013), de Marta Sanz. Otros ejemplos que no aparecen en el estudio lo constituyen *La hija del Este* (2012), de Clara Usón, protagonizada por Ana Mladic, hija de quien fuera general de la autoproclamada República Srpska en la Guerra de Bosnia (1992-1995), y posteriores a la aparición de *Las formas de la verdad. Investigación, docuficción y memoria en la novela hispánica* (2015), cabría catalogar como novelística de investigación *No os recuerdo* (2021), de Laura Alzola Kirschgens, *La llamada. Un retrato* (2024), de Leila Guerriero, o *Polilla* (2024), de Alba Muñoz, por citar tan solo algunos ejemplos.

lo habían plasmado de forma artística en una novela. A este conjunto de obras las denominó «novelas de investigación de escritor», ya que era el propio autor el que se transformaba en un peculiar detective que viajaba al pasado en pos de hallar la verdad, convirtiéndose, de este modo, en el personaje central de un relato en el que se ofrecía al lector, con mayor o menor carga de ficción e invención, los avances del proceso indagatorio. Aunque el punto de inflexión es la referida aparición de la tercera novela de Cercas, existen antecedentes de publicaciones que, en las dos últimas décadas del siglo XX, habían utilizado un esquema narrativo similar, como *Beatus Ille* (1986) o *Galíndez* (1991) (Martínez Rubio, 2015: 11). Si bien, el modo en que el escritor de Ibahernando se acerca a la narración de la Guerra Civil resulta clave en el crecimiento de la novelística de investigación auspiciada por el «yo».

Soldados de Salamina no es la primera novela que se contextualizaba en la Guerra Civil española. Si bien, el hecho de que esta hiciese fortuna y espolease otros trabajos de gran introspección que ponían el foco en algo ocurrido entre 1936 y 1939 se debe, en opinión de José María Pozuelo Yvancos, a que en este momento de cambio de siglo es cuando emerge el claro interés por parte del público en el trágico suceso, amparado en el boom de la memoria que, en el ámbito europeo, se había producido en la década de los noventa (2014: 294-295). La atención que despierta la temática de la memoria, unido al incremento de la narración en primera persona —esa literatura egódica que analiza Vicente Luis Mora (2013)—, provoca que empiece a usarse la primera persona en las narraciones, y que los lectores adquieran un mayor grado de identificación con la voz narrativa, ya que este informa en el presente de sus descubrimientos. Estas obras que viajan a la Guerra Civil son escritas por la llamada «generación de los nietos» (Juliá, 2006: 24), lo que acarrea un modelo menos beligerante en la forma de enfrentarse al pasado y otras estrategias narrativas distintas a las que se habían llevado a cabo en relatos previos.

También señala Pozuelo Yvancos que el interés por la Guerra Civil se sitúa en paralelo al crecimiento que experimenta la novela histórica a inicios del siglo XXI (2014: 295). Tal es el auge de la novelística sobre la Guerra Civil en España que, tan solo un lustro después, empieza a quedar claro que la contienda civil pasa por ser el acontecimiento con mayor atención crítica literaria y más estudiado de la historia (Calzado Aldaria, 2007), y no son pocas las veces en que la fórmula narrativa adoptada para dar cuenta de ese pretérito oscuro son las «novelas de investigación de escritor», por las que optan creadores como Javier Cercas, Ignacio Martínez de Pisón, Almudena Grandes, Beatriz Gimeno, Tomás Val o Isaac Rosa, entre otros. De hecho, y no sin gran carga crítica, el último de los escritores citados publica en 2007 ¡*Otra maldita novela sobre la Guerra Civil!*, en el que problematiza tanto la forma como el contenido de determinados constructos literarios que indagan en el pasado reciente.

Otra causa detrás del incremento de trabajos sobre la Guerra Civil en clave creativa que trae el cambio de siglo está, según los investigadores Hans Lauge Hansen y Juan Carlos Cruz Suárez, en que las novelas sobre la contienda escritas en los primeros lustros del presente siglo tienen la capacidad de dialogar con los discursos sociales de la historiografía, el periodismo y el debate político (2012: 29), lo que demuestra que la preocupación por el evento y sus consecuencias continúan presentes en el debate. Como explica Sebastiaan Faber, parece existir una preocupación entre los escritores jóvenes centrados en retornar a la Guerra Civil que se puede calificar como una suerte de «obligación moral» de investigar el pasado y asumir su legado (2011: 102), por muy doloroso que este pueda resultar. Todo ello, además, se debe situar en el ámbito de las discusiones sobre la memoria histórica, que resultaron en la aprobación de la llamada Ley de Memoria Histórica, aprobada en el Congreso de los Diputados el 26 de diciembre de 2007. Por lo tanto, cabría resumir que el interés de la Guerra Civil por parte de autores, crítica y lectores está en consonancia con el que la población española experimenta por esta, ya sea desde un punto de vista creativo, social o político.

En segundo término, existe un modo novedoso de aproximarse al conflicto bélico civil, en el que se reivindica la ficción como una aliada para la reconstrucción de la historia y, de este modo, rellenar los huecos a los que los autores no pueden acceder en sus «novelas de investigación de escritor». De hecho, este es un rasgo de esta fórmula literaria: «La ficción, al hablar de hechos reales, actúa no prostituyendo la verdad factual, sino proponiendo ciertos sentidos y cierta interpretación sobre ellos, y construyendo como han pretendido otros autores una verdad simbólica o poética» (Martínez Rubio, 2015: 312). Así, discurren por una misma senda dos disciplinas que, históricamente, se han considerado antagónicas, pero que hoy en día mantienen múltiples contagios: «La ficción gana en verosimilitud al inmiscuirse en la historia y la historia gana en expresividad al encararse a la ficción» (115). Se trata de una osmosis que se detecta con anterioridad en la escena internacional. Hayden White, a inicios de los setenta, fue de los primeros en insistir en la necesidad de entender la historia como como una construcción narrativa con la que dotar de significado el presente (1973), y el pensador Paul Ricoeur ha explicado que historia y literatura mantienen numerosos vasos comunicantes, ya que el escritor, al igual que el historiador, confecciona una trama narrativa, y cuando se introduce el «yo» en el relato se manifiesta la «identidad narrativa» (1996: 131) del autor, que es, al mismo tiempo, histórica y subjetiva.

En un reciente estudio, el historiador Enzo Traverso analiza cómo su disciplina se escribe, cada vez más, en primera persona, desde el prisma de la subjetividad de un autor (2022: 10). Desarrolla que los primeros signos de esta mutación se produjeron en la década de los ochenta, pero es con el inicio del pasado siglo cuando el «yo» narrativo y la mayor introspección han tomado la historiografía contemporánea: «La exigencia del relato literario se ha impuesto al «contrato moral» al que está obligado el historiador» (146). En una misma línea se pronuncia Ivan Jablonka. En su manifiesto teórico *La historia de la literatura contemporánea* recuerda que la historia es un discurso crítico sobre el pretérito que la literatura, con sus herramientas, transforma en ficción (2014). El propio Cercas, como veremos, ha dedicado muchas páginas a reflexionar sobre estas relaciones cada vez más difusas entre historia y ficción: «En el fondo, toda ficción es una mezcla de "fiction" y "fact", y la ficción pura, sin el carburante de lo real, una pura entelequia» (2016: 43).

En tercer y último lugar, como característica propia de estas «novelas de investigación de escritor» se ha de apuntar el constante recurso de la metaficción en gran parte de ellas, lo que redunda del carácter autorreferencial de esta fórmula novelística. La metaficción se produce cuando el autor reflexiona en el acto de escritura y llama la atención al lector sobre el carácter ficticio que sustenta la narración, en un juego de espejos lúdico que problematiza las relaciones entre lo real y lo ficcional, difuminándose las fronteras entre ambas categorías. Siguiendo la teoría de la crítica literaria Patricia Waugh, Teresa Imízcoz Beúnza define así la metaficción:

> Es un término dado a los escritos ficcionales que de modo consciente y sistemáticamente llaman la atención sobre su condición de artificio para plantear cuestiones sobre la relación entre ficción y realidad. Para ello no solo examina las estructuras fundamentales de la ficción narrativa sino que también explora la posible ficcionalidad del mundo fuera del texto literario ficticio (1999: 323).

Los escritores que utilizan este mecanismo propio de la literatura de la posmodernidad avisan al lector de que la ficción es una construcción del autor y advierten constantemente de que lo que se lee, aunque esté basado en hechos reales, es una representación de lo real, pero nunca la realidad como tal. De ahí que Lucien Dällenbach se refiera a la metaficción como un «relato especular» (1991). En las creaciones metafictivas, las dudas sobre la propia representación novelizada de lo real se extienden al pretérito que es visitado e investigado: es algo que ocurre en el caso de *Soldados de Salamina*, *Enterrar a los muertos* y *El dolor de los demás*, como se estudiará.

Antes del análisis pormenorizado de los textos y de la soledad de la figura del investigador en estos, se pueden citar otras señas de identidad, aunque de menor relevancia, comunes en la fórmula novelística objeto de estudio: la intertextualidad es un recurso habitual en buena parte de estas obras (Martínez Rubio, 2015: 34), ya que se convoca el trabajo previo de otros creadores que resultan clave en el proceso de investigación; en muchas de ellas las imágenes juegan un rol central, ya sea como elementos que atestiguan la certeza de lo que se está buscando, o como contenedores de sentido que complementan al texto escrito (Gómez López-Quiñones, 2008); y, por último, se suele apostar por finales abiertos (Martínez Rubio, 2015: 226), debido, sobre todo, a la dificultad de averiguar todos los detalles y encontrar una verdad unívoca sobre lo que se indaga, hasta el punto que, en tiempos posverídicos, como ha analizado Isabel Verdú Arnal (2019), se pueda hablar de «novelas de investigación epistemológicas», donde no importa tanto la verdad buscada sino cómo el proceso de investigación transforma al propio suceso que lo acomete y cómo se relata esto en el proceso de escritura. Cercas, Martínez de Pisón y Hernández, en diversos pasajes de sus novelas, reconocen su impotencia, su sensación de soledad y extravío existencial ante las dificultades que aparecen a lo largo de sus respectivas pesquisas.

JAVIER CERCAS Y EL CAMINO A SEGUIR

Javier Cercas es el nombre del personaje central de *Soldados de Salamina*. Es un periodista que atraviesa una dura crisis creativa, a la que se une una existencial, ya que está recientemente separado y reconoce tener el ánimo por los suelos. Su situación empieza a cambiar cuando se obsesiona por un suceso que no duda en investigar en profundidad: el fusilamiento de Rafael Sánchez Mazas por parte de milicianos republicanos en el santuario de El Collell (Girona), del cual el falangista salió milagrosamente con vida. En plena huida se refugió en una zona arbolada próxima, y fue encontrado por un soldado enemigo, pero este, misteriosamente, tras apuntarle con su arma, decidió no accionarla y le salvó la vida. La investigación del Cercas personaje se va a centrar, en primer término, en averiguar qué fue de Sánchez Mazas, especialmente durante los años de Guerra Civil, y, en segundo término y con mayor ahínco, en intentar encontrar a ese miliciano que salvó la vida del que fuera poeta y político del régimen para preguntarle, en caso de seguir vivo, el porqué de su «humana» decisión en pleno contexto bélico. El primer propósito se sustenta en una historia real, contrastable, y de la que dio cuenta el propio Sánchez Mazas en vida. La segunda, no obstante, está repleta de elementos ficcionales, ya que el lector nunca sabrá si el supuesto miliciano es Antonio Miralles y tampoco podrá averiguar, si aceptase que este personaje realmente existió, si fue el sujeto que salvó la vida del falangista. Ficción y realidad, por lo tanto, se confunden en la historia central y a ello se une que, aunque coincida la homonimia entre autor, narrador y protagonista, el personaje Cercas tiene muchas características que no coinciden con las reales conocidas del escritor del libro: «La posición del lector oscila entre aceptar que lo que lee es una obra de imaginación, lo que implica suscribir tácitamente un pacto de ficción, o bien acogerse al pacto autobiográfico» (Ródenas de Moya, 2018: 64). Por ello, la novela surge como un idóneo ejemplo de autoficción, como han analizado de forma pormenorizada diversos investigadores (Gómez-Trueba, 2009; García-Cardona, 2022; o Mendieta y Fernández-Hoya, 2023).

La autoficción, al igual que ocurre cuando aparece la metaficción, genera en el intérprete de la historia relatada una sensación de ambigüedad, ya que es difícil discernir si lo escrito es cierto o no, pero aun así genera una sensación de verosimilitud, lo que resulta muy útil cuando se trata de una «novela de investigación de escritor» que, como en el caso de la publicada por Cercas en 2001, tiene en la ficción uno de sus elementos destacados: «La novela ambigua, sobre todo a través de un procedimiento de investigación, trabaja a conciencia este aspecto para forjar una ilusión o un efecto de autenticidad que imprima verosimilitud al relato» (Martínez Rubio, 2015: 141). Uno de los primeros estudios relevantes sobre autoficción en el contexto hispánico lo firmó Manuel Alberca (2007), quien tildó el pacto ambiguo como el propio de las novelas que parecían comprometerse en ser verídicas sin asegurarlo. En estas, el lector suele carecer del conocimiento previo necesario del autor para saber si todo lo que cuenta sobre sí, sobre su proyección especular en el relato, es cierto o no. Ocurre en *Soldados de Salamina*: solo se podrá saber detalles menos ambiguos sobre lo narrado a posteriori, si el escritor decide confesar qué es cierto y qué no. Consciente de ello, y de una forma lúdica e irónica, Cercas, en las entrevistas, no pretende resolver la ecuación, lo que constata que la ambigüedad es un ingrediente clave en las novelas de investigación. Así se pronuncia en una entrevista posterior:

> El Javier Cercas de la novela no soy yo, ya lo he dicho. Pero ahora tengo que añadir que sí soy yo. Quiero decir que soy yo elevado a la máxima potencia, ese tipo es jugo o esencia de Javier Cercas, es una máscara que se ha puesto el Javier Cercas real para decir lo que

quiere decir, porque escribir consiste, entre otras cosas, en fabricarse una identidad, un yo que soy yo y no soy yo, igual que una máscara (Cercas y Trueba, 2003: 19).

Sí reconoce que ese Cercas deprimido y solitario que aparece al inicio de la novela está inspirado en él, ya que se sentía bloqueado, no sabía de qué escribir, y eso le hizo agarrar «una depresión tremenda; estaba en el fondo de un pozo, atiborrándome de pastillas» (12). Aunque la crisis se supera cuando empieza a investigar la vida de Sánchez Mazas, las dificultades que aparecen en el camino le provocan, de nuevo, un crecimiento de la apatía existencial. Es algo común en las «novelas de investigación de escritor»: la soledad del investigador, quien a veces bucea en el pasado de forma secreta y a escondidas, se acentúa cuando la indagación no provoca los avances anhelados, y aparecen las situaciones de duda en que se sugiere el abandono del proyecto: «La pieza, sin embargo, no aparecía; el libro seguía estando cojo. Lo abandoné […] Pasé las dos semanas siguientes sentado en un sillón, frente al televisor apagado» (Cercas, 2018: 334).

El escritor extremeño ha optado por fórmulas similares en su trayectoria posterior, introduciéndose, de nuevo, como personaje en la narración, y confesando por momentos esa soledad padecida cuando se emprende un viaje al pasado para investigar algún suceso traumático. Tras la exitosa *Soldados de Salamina* publicó *La velocidad de la luz* (2005), novela en la que, aunque no utilice el nombre de Cercas, existe una «autotextualidad clara» (Toro, 2017: 251), y relata episodios de su etapa como doctorando en la Universidad de Urbana, Illinois, donde Cercas pasó cerca de dos años, a finales de los ochenta. La literatura, en este trabajo, es un confesado refugio. *Anatomía de un instante* (2009) y *El impostor* (2014), aunque supongan trabajos de investigación, mantienen una notable diferencia con los libros del autor de 2001 y 2005: en estos sí había espacio para la invención, mientras que en las de 2009 y 2014 esta no tiene cabida, según el autor, quien las califica como «novelas sin ficción», ya que en ellas «se prescinde de la invención y de la fantasía, pero no de la imaginación y las conjeturas» (Cercas, 2016: 44). En cualquier caso, esa soledad no le abandona, como confiesa al inicio de *El impostor*:

> Mi vida era una farsa y yo un farsante, que había elegido la literatura para llevar una existencia libre, feliz y auténtica, y llevaba una existencia falsa, esclava e infeliz, que yo era un tipo que iba de novelista y daba el pego y engañaba al personal, pero en realidad no era más que un impostor (Cercas, 2014: 17).

En 2017, en su último trabajo de estética no ficcional, Cercas vuelve a «novela sin ficción» y a la Guerra Civil, pero ahora centrándose en investigar la participación en el conflicto de un antepasado suyo, Manuel Mena, falangista asesinado en la batalla del Ebro. Ello constata que, como vio Pozuelo Yvancos en 2014, el interés por este negro periodo no ha decaído con el paso de los años (292), aunque sí se han transformado los modos de acercarse al mismo desde las «novelas de investigación de escritor».

PISÓN Y EL JUEGO CON LAS IMÁGENES

Ignacio Martínez de Pisón adopta la exitosa fórmula para su novela *Enterrar a los muertos* (2005), en la que el autor comienza a investigar un suceso concreto acaecido en la Guerra Civil: el asesinato del traductor y escritor republicano José Pazos Robles. Existen, no obstante, tres grandes diferencias respecto al método empleado por Cercas en 2001. En primer lugar, renuncia a la invención para dar cuenta de sus hallazgos. En segundo término, se centra en una faceta apenas trabajada cuando se aborda la Guerra Civil, como son los enfrentamientos ocurridos entre las diversas formaciones que hacían frente al enemigo sublevado, esto es, las luchas internas existentes entre las fuerzas que formaban el Frente Popular. Y, por último, resulta un texto paradigmático para abordar la importancia que la docuficción tiene en las «novelas de investigación de escritor».

La docuficción es un concepto con un significado amplio, lo que a veces puede llevar a cierta indefinición. Christian von Tschilschke y Dagmar Schmelzer lo definen como «un modo representativo que supera barreras mediáticas y de género en el que se entrecruzan elementos, técnicas y estrategias documentales y ficcionales» (2010: 16).

Esta puede aparecer en todo texto —entendido esto de modo semió-
tico, como un complejo entramado de signos en un sentido amplio,
donde se incluyen las imágenes— que se conecte con el propósito de
facticidad, y añaden los autores que la docuficción puede darse en dos
direcciones: a través del acercamiento de un documento a la ficción
o, a la inversa, en el acercamiento de una ficción a un documento
(16-17). Una propuesta como *Enterrar a los muertos* se situaría en la
primera vía, ya que existe un discurso documental verificable que se
presenta en la novela por medio de códigos y estrategias representa-
tivas connotadas con la ficción (16). Lansen ha definido esta categoría como «ensayo documental narrado» (2012: 85), que es la que se
produce cuando lo que se narra al lector es absolutamente real, pero
se utilizan estrategias propias de lo literario como apostar por una
estructura narrativa que destaque el componente creativo del texto.

El trabajo de Martínez de Pisón se inserta en la categoría definida
por Lansen. Todos los documentos que incluye son verídicos, tanto
los archivos rescatados como las imágenes, y los personajes entrevista-
dos existen en la realidad. Al mismo tiempo, el escritor se aleja de una
estructura científica y académica para abrazar recursos de géneros literarios como la novela policiaca, el reportaje periodístico o el diario. No
se incluyen personajes ficticios o escenas inventadas, como sí pasaba
en *Soldados de Salamina*, pero existe un claro propósito estético y artístico por el modo en que despliega su trabajo. Es algo que se observa en
la doble trama del libro. Por una parte, en la referida investigación de
la desaparición de Pazos Robles. Martínez de Pisón descubre que fue
ajusticiado por la propia delegación soviética en España con la que el
traductor colaboraba, por lo que el mayor peligro durante la Guerra
Civil, sin haberlo imaginado, lo tenía en casa. La segunda gran explo-
ración que relata en sus páginas el autor y narrador es el enfriamiento
y distanciamiento de dos antiguos amigos, John Dos Passos y Ernest
Hemingway, defensores de los republicanos y comunistas durante la
contienda. El primero se alejó de las élites nacionales del PCE y de los
mandamases soviéticos al averiguar que estos tenían mucho que ver en
la desaparición y muerte de su amigo Pazos Robles —traductor de su
libro *Manhattan Transfer* (1927)—, mientras que el segundo prefirió
no hacerse preguntas y apoyar sin fisuras al bando atacado en pos de

hacer frente con las mayores garantías al bando sublevado, encarándose, incluso, con Dos Passos. El autor se permite atacar en su ensayo narrado al autor de Illinois por su actitud: «El simplismo ideológico de Hemingway, para quien solo era bueno lo que era bueno para la causa y ante eso, cualquier otro valor, incluida la amistad, retrocedía» (Martínez de Pisón, 2005: 136). La introspección habitual de las «novelas de investigación de escritor» también está presente. El escritor aragonés expresa las dificultades de su proceso indagatorio, y se observa el *work-in-progress* en muchos pasajes de la narración: «De la forma más inesperada, mientras trataba de resolver el dilema» (2005: 88). Relata sus entrevistas con personajes reales, como el escritor Andrés Trapiello o el pintor Carlos García-Alix, y analiza referencias bibliográficas que le han ayudado en su trabajo. Si bien, en clave docuficcional, uno de los aspectos más destacados es el modo en que dispone las imágenes en su libro. Estos textos visuales son de distinta naturaleza: ilustraciones dibujadas por Pazos Robles de personajes como Miguel de Unamuno o Valle-Inclán; fotografías de archivo cedidas por familiares del asesinado; y obras artísticas, como un cuadro de García-Alix o el cartel del documental *Tierra de España* (Joris Ivens, 1937).

El modo en que se disponen las imágenes en una novela forma parte del discurso del autor y del «lenguaje artístico», a la manera del montaje cinematográfico, y por ello se puede concebir, dada su disposición, *Enterrar a los muertos* como un retablo propio del cine negro (López Fernández y Molina Gil, 2017). Martínez de Pisón no utiliza pies de foto para dar cuenta de lo que se observa en la imagen, lo que sugiere que el propósito informativo no es el fin —o, al menos, el fin privilegiado— de la inclusión del texto visual en el libro. Gómez López-Quiñones (2008) ha estudiado la relevancia de las imágenes en *Enterrar a los muertos*. Defiende que el escritor dispone de un modo inesperado las imágenes para aumentar la ambigüedad —rasgo propio también de la docuficción (Tschilschke y Schmelzer, 2010)— del texto en su conjunto y para ofrecer un mensaje sobre la imposibilidad de hallar la completa verdad sobre lo ocurrido. Utiliza como ejemplo la fotografía incluida de Alexander Orlov, jefe de la KNVD en España. El lector no sabe —salvo que esté familiarizado con esa figura— quién es el sujeto que aparece en la imagen, y en el texto que se puede leer en esa misma página no se aclara quién es, ya que se citan otros tantos personajes que podrían corresponder con el rostro que se puede ver. De ahí que el carácter de las imágenes sobrepase en mucho la función informativa, como reclama Gómez López-Quiñones: «La fotografía no constituiría la prueba documental que certifica la veracidad de un texto, sino una construcción de sentido, una reelaboración realizada sobre un código sancionado en el seno de una cultura» (2008: 95).

Siguiendo esta teoría, Martínez de Pisón hace partícipe con el modo en que recurre a la docuficción al lector de la desorientación que acarrea el proceso de investigación, por lo que transmite esa soledad propia del novelista de investigación al receptor, ya que no le ofrece una lectura fácil y cómoda de las imágenes, quizás esperable en un libro de no ficción, sino que dificulta su comprensión, pide al lector que sea el encargado de decodificar las imágenes incluidas:

> La fotografía no es la solución, sino parte del problema que el pasado le plantea a cualquier reconstrucción o reelaboración. La fotografía no es la versión última y tranquilizadora, sino una versión más, que dialoga y colisiona con otras (Gómez López-Quiñones, 2008: 95).

MÁS ALLÁ DE LA GUERRA CIVIL: MIGUEL ÁNGEL HERNÁNDEZ Y LA TRAGEDIA PERSONAL

Sucesos como la Guerra Civil u otros eventos traumáticos del ámbito de la historia no son los únicos proclives de ser visitados por los protagonistas de las «novelas de investigación de escritor». También se puede dejar al margen la memoria colectiva y visitar un trauma que afecte en lo personal. Es el caso de *El dolor de los demás* (2018), la tercera novela del escritor y académico Miguel Ángel Hernández, en la que se transforma en un detective que investiga un crimen ocurrido hace veinte años a escasos metros de la casa de su juventud, en el cual el mejor amigo de su infancia, Nicolás, asesinó a su hermana y se suicidó. Ocurrió en la Nochebuena de 1995 y, dos décadas después,

Hernández decide indagar en lo ocurrido para obtener toda la verdad. Así, visita hemerotecas para saber qué contaron los medios de comunicación sobre la tragedia y entrevista a fuentes judiciales y policiales, así como a antiguos vecinos. En este proceso confiesa en infinitas ocasiones la soledad que siente al viajar al pasado y cómo los hallazgos le alteran su estado de ánimo; las pesadillas y episodios de insomnio son recurrentes, y relata constantemente las dudas que le surgen en el proceso de escritura.

Despliega una estructura singular en su novela de investigación, con un doble nivel discursivo. Utiliza la primera persona para dar cuenta, en el presente narrativo, de los avances de la investigación, mientras que la segunda persona es utilizada cuando rememora lo ocurrido hace dos décadas. En ambas instancias temporales aparece la soledad en numerosas ocasiones, tanto en los personajes que pueblan la novela como en la figura del propio autor-investigador. De hecho, en el diario escrito en paralelo a *El dolor de los demás*, llamado *Aquí y ahora*, Hernández confiesa la soledad y desorientación existencial que experimenta en muchos instantes de su trabajo de búsqueda (Hernández, 2019). La soledad es, así, un motivo temático del libro, y en diferentes entrevistas, el escritor murciano se refiere a este estado como algo necesario para construir una personalidad (Jiménez, 2021). En primer lugar, esto es perceptible en su propia figura. Indagar en un suceso doloroso de su adolescencia conlleva que emerja la «memoria herida» (Ricoeur, 1999), esto es, traumas pretéritos que aún no han sanado del todo en el autor: «El pasado del que toda mi vida he estado intentando escapar [...] «Mientras escribo este párrafo, me doy cuenta de que este libro está lleno de muertes. De muertes y de lugares de duelo. Es, una vez más, un texto luctuoso. La muerte reclama su sitio» (Hernández, 2018: 35). Esto se debe a que muchas de las personas queridas por el autor, presentes en su vida cuando Nicolás asesinó a su hermana en 1995, están ya muertas, como su padre y su madre. Surge así una figura muy sugerente, con la que Hernández también ha reflexionado en otros libros como *Intento de escapada* (2015) o *Anoxia* (2023): el fantasma. Reconoce que los personajes de su pasado se le presentan como espectros, con la forma de los fantasmas (Hernández, 2018: 119).

También hace hincapié Hernández en otras soledades, que son las que conforman ese «dolor de los demás» al que se refiere el título. Es el caso de la que padecía su madre en la Huerta murciana en la que siempre vivió y donde él creció, un lugar que el escritor bosqueja como hostil. Pese a padecer claros indicios de depresión, reconoce el autor con carga autocrítica que ni él ni su entorno familiar supo entender su sufrimiento:

> Ha pasado ya algún tiempo de aquello, y cada vez estoy más convencido de que fuimos culpables. Mis hermanos y yo. Culpables de lo que sucedió con mi madre. Continuadores de una larga tradición de servidumbre. La utilizamos hasta que ya no pudo más. La dejamos sola con su carga heredada y eso acabó con ella (Hernández, 2018: 125).

No obstante, la gran reflexión sobre la soledad llega en la parte final de la novela, cuando, al fin, Hernández focaliza su relato en la verdadera víctima de la tragedia de 1995, Rosi. Hasta ese momento, el escritor había informado sobre sus hallazgos y entrevistas al mismo tiempo que reconstruía su pasado y su relación con Nicolás, el asesino. Pero había desatendido a la mujer que perdió la vida, condenándola al olvido —como queda claro en la portada del libro, como ha analizado Antonio Candeloro (2021)—. Es un punto de inflexión de su investigación: «Rosi había sido una ausencia absoluta. Había sido invisible en la foto y también en mis recuerdos, incluso en el proceso de escritura» (Hernández, 2018: 245). En este momento, descubre que esclarecer la verdad sobre el crimen carece de importancia, y que la investigación ha tenido sentido porque, por fin, consigue ponerse «en el otro lado» (261), y así respetar «el dolor de los demás».

La novela de Hernández no ofrece respuestas ni conclusiones unívocas, y apuesta por un final abierto, lo que constata, como también ocurría en *Soldados de Salamina* y *Enterrar a los muertos*, que el pasado es denso y aún afecta al presente. Resulta paradigmática, así, una de las últimas frases del libro: «Y supe entonces claramente que nada se borra del todo, ni el bien ni el mal, que el pasado permanece y nos acompaña eternamente, como una sombra que no siempre podemos descifrar» (2018: 295).

CONCLUSIONES

Las «novelas de investigación de escritor» constituyen una fórmula narrativa recurrente en la literatura española contemporánea, y su fortuna ha venido asociada a la mayor entrada del «yo» y el incremento de la introspección en la literatura, con autores que, sin renunciar a la ficción, se convierten en los protagonistas de sus relatos y actúan como detectives que investigan un suceso real acaecido en el pasado. Es común que la soledad aparezca como tema asociado a estos personajes centrales, ya que siempre manifiestan sus dudas y miedos al encarar los riesgos que conlleva el propio proceso de investigación.

Uno de los pioneros en apostar por esta estructura novelística es Javier Cercas. En sus trabajos, la soledad aparece antes y después de la investigación acometida. Por una parte, comenzar a indagar en el pretérito es lo que suscita que el autor empieza a dejar atrás los momentos de tristeza y desamparo —como ocurre en *Soldados de Salamina*, *El impostor* o *El monarca de las sombras*— y, por otro lado, una vez iniciado el proceso, ante las dificultades y la imposibilidad de hallar soluciones adecuadas, vuelve a caer en un proceso de aflicción que no abandona hasta la fase final. Ignacio Martínez de Pisón, por su parte, no manifiesta su pesar en *Enterrar a los muertos*, pero sí en la descripción que hace de los personajes en un momento difícil como fue la contienda bélica y la defensa ante el enemigo. Una desazón existencial que aparece claramente en el personaje de John Dos Passos, cuando descubre que su amigo ha sido asesinado, en primer término, y conforme descubre los secretos oscuros de la causa comunista por la que él había apostado, y que le llevó a distanciarse de antiguos camaradas como Ernest Hemingway.

El dolor de los demás, por último, constata que una obra en la que se informa sobre el propio proceso de indagación del pretérito no tiene que tener un gran suceso histórico como trasfondo: también puede centrarse en un trauma no colectivo que afecte a lo personal, y que se quede en el ámbito de la memoria familiar. Hernández narra sus intentos —muchas veces infructuosos— de extraer toda la verdad sobre el crimen cometido por el mejor amigo en 1995, cuando mató a su hermana Rosi antes de suicidarse, pero descubre lo innecesario de sus pesquisas, y que existen ciertos fragmentos del pasado que es mejor no remover para no incrementar el dolor de los demás ni el suyo propio.

Todo ello lleva a pensar que, en el ejercicio de reconstrucción del pretérito que se repite en esta novelística de investigación, lo más importante, a diferencia de lo que pueda parecer, no es esclarecer lo ocurrido, sino testificar el modo en que se desarrolla el proceso, ya que, en este camino, son numerosos los aspectos determinantes sobre los que se puede reflexionar, como puede ser la importancia de la memoria y el olvido, la importancia de la alteridad y entender al otro, o comprender el modo en que el pasado aún afecta al presente, entre otros. Investigar sobre una realidad distante o sobre una tercera persona actúa como un modo de abrir nuevas vías de conocimiento que son capaces de iluminar, en todas las novelas, aspectos sobre uno mismo. De ahí que sea tan importante testimonios sobre los avances en la investigación como confesar el modo en que el proceso sujeto enunciativo se ve modificado conforme se avanza. La palabra, así, se convierte en el motor ético que guía la investigación y que, a su vez, confiesa las propias dudas creativas del autor.

BIBLIOGRAFÍA

Alberca, M. (2007). *El pacto ambiguo: de la novela autobiográfica a la autoficción*. Madrid: Biblioteca Nueva.

Calzado Aldaria, A. (2007). La propaganda en la Guerra Civil. En Seguí y Francés, R. (coord.), *Prensa, propaganda y agitación* (pp. 9-27). Valencia: EPV.

Candeloro, A. (2021). Imágenes siniestras. *El dolor de los demás* (2018), de Miguel Ángel Hernández. *Revista de Filología de la Universidad de La Laguna, 43*, 57-83. http://riull.ull.es/xmlui/handle/915/24677

Casas, A. (Ed.) (2012). *El yo fabulado. Nuevas aproximaciones críticas a la autoficción*. Madrid, Fráncfort del Meno/ Iberoamericana, Vervuert.

Catelli, N. (2002). El nuevo efecto Cercas. *El País*. Recuperado de https://elpais.com/diario/2002/11/09/babelia/1036803015_850215.html.

Cercas, J. (2014). *El impostor*. Barcelona: Literatura Random House.

Cercas, J. (2016). *El punto ciego. Las conferencias Weidenfeld*. Barcelona: Literatura Random House.

Cercas, J. (2018). *Soldados de Salamina*. Madrid: Cátedra.

Cercas, J. y Trueba, D. (2003). *Diarios de Salamina*. Barcelona: Plot Ediciones.

Dällenbach, L. (1991). *El relato especular*. Madrid: Machado Libros.

Faber, S. (2011). La literatura como acto filiativo: la nueva novela de la Guerra Civil. En Álvarez Blanco, M.P. y Dorca, T. (coord.), *Cortornos de la narrativa española actual (2000-2010): un diálogo entre creadores y críticos* (pp. 101-100). Madrid/Fráncfort del Meno: Iberoamericana/Vervuert.

García-Cardona, J (2022). Realidad y ficción en «Soldados de Salamina»: mecanismos autoficcionales e hibridación de géneros en la adaptación cinematográfica. *Pasavento. Revista de Estudios Hispánicos*, *10*(2), 509-533. https://doi.org/10.37536/preh.2022.10.2.1289.

Gómez López Quiñones, A. (2008). A propósito de las fotografías: políticas de la reconstrucción histórica en *La noche de los cuatro caminos, Soldados de* Salamina y *Enterrar a los muertos*. *Revista hispánica moderna*, *61*(1), 89-105.

Gómez-Trueba, T. (2009). «Esa bestia omnívora que es el yo»: el uso de la autoficción en la obra narrativa de Javier Cercas. *Bulletin of Spanish Studies*, *86*(1), 67-83. https://doi.org/10.1080/14753820802696782.

Hernández, M. A. (2018). *El dolor de los demás*. Barcelona: Anagrama.

Hernández, M. A. (2019). *Aquí y ahora. Diario de escritura*. Madrid: Fórcola.

Imízcoc Beúnza, T. (1999). De la «nivola» de Unamuno a la metanovela del último cuarto del siglo XX. *Rilce. Revista de Filología Hispánica, 15*(1), 319-333.

Jablonka, I. (2014). *La Historia es una Literatura Contemporánea Manifiesto por las Ciencias Sociales*. Buenos Aires: Fondo de Cultura Económica.

Jiménez, N. (2021). La soledad es necesaria para construir una personalidad, pero la vida necesita gente» *Libro sobre libro*. Recuperado de https://librosobrelibro.com/actualidad/la-soledad-es-necesaria-para-construir-una-personalidad-pero-la-vida-necesita-gente/.

Juliá, S. (Ed.) (2006). *Memoria de la Guerra y el franquismo*. Madrid: Taurus.

Lansen, H. L. (2012). Formas de la novela histórica actual. En Hansen, H. L. y Cruz Suárez, J.C. (eds.), *La memoria novelada* (pp. 83-104). Bern: Peter Lang.

López Fernández, Á. y Molina, G. (2017). La oscura memoria: cine negro y brechas fantásticas en Enterrar a los muertos (2005) y Las serpientes ciegas (2008). *Brumal. Revista de Investigación sobre lo Fantástico, 5*(1), 169-190. https://doi.org/10.5565/rev/brumal.386.

Martínez de Pisón, I. (2005). *Enterrar a los muertos*. Barcelona: Seix Barral.

Martínez Rubio, J. (2015). *Las formas de la verdad. Investigación, docuficción y memoria en la novela hispánica*. Barcelona: Anthropos.

Mendieta, E. y Fernández-Hoya, G. (2023). ¿Un «relato real»? Memoria, ficción y «yo» artístico en soldados de Salamina, del libro de Cercas (2001) a la adaptación cinematográfica de Trueba (2003). *Literatura y Lingüística, 48,* 99-122. https://doi.org/10.29344/0717621X.48.3250.

Mora, V. L. (2013). *La literatura egódica. El sujeto narrativo a través del espejo.* Valladolid: Ediciones de la Universidad de Valladolid.

Pozuelo Yvancos, J. M. (2014). *Novela española del siglo XXI.* Murcia: EditUM.

Ricoeur, P. (1996). *Sí mismo como otro.* México DF: Siglo XXI Editores.

Ricoeur, P. (1999). *La lectura del tiempo pasado: memoria y olvido.* Madrid: UAM Ediciones.

Ródenas de Moya, D. (2018). Introducción. En Cercas, J, *Soldados de Salamina* (pp. 9-178). Madrid: Cátedra.

Toro, V. (2017). *«Soy simultáneo». El concepto poetológico de la autoficción en la narrativa hispánica.* Madrid/Fráncfort del Meno: Iberoamericana/Vervuert.

Traverso, E. (2022). *Pasados singulares. El «yo» en la escritura de la historia.* Madrid: Alianza.

Tschilschke, C. y Schmelzer, D. (Ed.) (2010). *Docuficción enlaces entre ficción y no-ficción en la cultura española actual.* Madrid/Fráncfort del Meno: Iberoamericana/Vervuert.

Verdú Arnal, I. (2019). Miguel Ángel Hernández, Clara Usón, Álex Chico: la novela de investigación epistemológica como reverso de la posverdad. *Cuadernos de Aleph, 11,* 119-131.

White, H. (1973). *Metahistory: The Historical Imagination in the Nineteenth Century Europe.* Baltimore: Johns Hopkins University Press.